CW01467612

L'OUTIL PERICEO

ÉQUIPES ET ORGANISATIONS, DÉVELOPPEZ VOS CAPACITÉS D'INTELLIGENCE COLLECTIVE

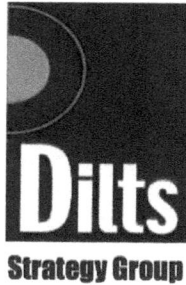

Dilts Strategy Group

P. O. Box 67448

Scotts Valley CA 95067

USA

Phone: (831) 438-8314

E-Mail: info@diltstrategygroup.com

Homepage: http://www.diltstrategygroup.com

Copyright © 2018 par Robert Dilts et Dilts Strategy Group. Tous droits réservés.

Imprimé aux États-Unis (USA). Tous droits réservés. « Toute représentation ou reproduction intégrale ou partielle faite sans le consentement de l'auteur ou de ses ayants droits ou ayants cause est illicite » (art.L. 122-4 du Code de la propriété intellectuelle).

Library of Congress Control Number: 2018907697

I.S.B.N. 978-1-947629-36-3

L'OUTIL PERICEO

ÉQUIPES ET ORGANISATIONS, DÉVELOPPEZ VOS CAPACITÉS D'INTELLIGENCE COLLECTIVE

Robert Dilts

Elisabeth Falcone

Isabelle Meiss

Gilles Roy

Design et illustrations: Antonio Meza

SOMMAIRE

SOMMAIRE

SOMMAIRE

Annexes

Bibliographie

Remerciements

Nous tenons à remercier chaleureusement tous les consultants qui ont participé à un moment ou à un autre à cette aventure, et notamment ceux qui ont mené les interviews avec nous :

Eric BAUDET, Florence BETITO, Carine CAMPOS

Jean-Luc CERVIA, Francis CLAVERIE, Yaël GRONNER

Nadia ANGLESY, Christine MARSAN, Jean-Pierre MELANI

Catherine PENA, Didier PERALDO, Nathalie ROCHAIX

Gilles VIALARD

Cette liste est non exhaustive : certains se sont impliqués à différents moments de la modélisation, d'autres nous ont rejoints ponctuellement lors des différentes phases. Recevez notre sincère reconnaissance.

Nous tenons à remercier tout particulièrement Antonio Meza, auquel nous devons la couverture de ce livre et la plupart des illustrations qui y figurent : merci pour ta disponibilité, ta gentillesse, la qualité de ton écoute et des représentations qui en découlent ! Egalement, Anne-Brigitte Lubrez qui a relu la première maquette de ce livre : merci pour ta générosité, ton œil acéré et la qualité de ta contribution qui nous ont été précieux. Enfin, nous remercions du plus profond de notre cœur Deborah Bacon Dilts : ta présence discrète et bienveillante tout au long de cette aventure nous a apporté beaucoup de courage et de douceur. Merci d'avoir répondu présente à chaque fois où nous en avons eu besoin. Gratitude infinie!

Enfin, une pensée particulière pour les dirigeants et équipes des vingt-deux entreprises qui ont accepté de prendre part au projet de modélisation et ont ainsi permis de faire émerger le modèle. Merci pour votre confiance, votre contribution et le temps que vous nous avez accordé.

Préface

Ce livre est une manifestation d'un rêve qui a commencé il y a une vingtaine d'années, à la fin des années 90, quand Robert Dilts et son frère, John Dilts, créèrent « Dilts Strategy Group » et établirent les bases des principes du « Success Factor Modeling » (SFM™). Ils cherchaient des réponses à des questions du type « quelle est la différence qui fait la différence entre les projets, les équipes, les entrepreneurs qui réussissent et ceux qui restent dans la moyenne ou végètent ? » et « quels sont les facteurs déterminants liés au lancement et à la croissance d'un business qui réussit et prospère ? » (Voir annexe A0).

A ce moment-là, Robert avait déjà travaillé avec des entreprises et des organisations depuis presque vingt ans. En appliquant son expérience de la Programmation Neuro-Linguistique, une méthodologie qui discerne et met à jour les structures des pensées et des comportements des gens très performants, Robert avait déjà écrit de nombreux livres sur le leadership, l'innovation, la communication efficace, etc.

Tandis que Robert et John s'intéressaient aux pratiques des entreprises exceptionnelles, un des autres facteurs de succès majeurs a été identifié et dénommé « collaboration générative ». Robert et John ont constamment mis en évidence que, dans les entreprises qui réussissent particulièrement bien, les gens sont capables de travailler de façon créative et collectivement pour atteindre leurs rêves et leurs visions.

Ces observations ont été rassemblées dans un livre « Success Factor Modeling » volume 2, « Collaboration Générative : libérer la puissance créative de l'Intelligence Collective ». Ce travail a servi de support au projet innovant PERICEO et au livre que vous tenez maintenant dans vos mains. Il a été construit et co-écrit en Intelligence Collective (IC) par quatre personnes - Elisabeth Falcone, Isabelle Meiss, Robert Dilts et Gilles Roy - au travers de nombreux échanges entre 2016 et 2017. Ces quatre personnes ont en commun leur passion pour l'Intelligence Collective et leur engagement à explorer et expérimenter de nouveaux paradigmes socio-professionnels. La présentation détaillée de chacun de ces contributeurs figure dans les annexes à la fin du livre (voir annexe A1).

En 2009, Gilles invite Robert et son épouse Deborah (amis de longue date) à Avignon à venir donner un premier séminaire sur l'Intelligence Collective. Entre 2009 et 2011, Gilles, Robert et Deborah se rencontrent plusieurs fois et décident de choisir l'Intelligence Collective comme un axe de transmission pour influencer positivement le monde dans les dix prochaines années. Il s'agit de proposer des outils et de mener des recherches au travers du monde de l'entreprise et de la société civile, au service d'un projet sur dix ans, à la fois local et international, nommé VISION 2021. Selon la phrase de René Dubos, « pensons globalement, agissons localement », ils sont persuadés que les changements surviendront autrement que par la politique traditionnelle, au travers de l'éducation et de l'action. Un premier cycle de formation à l'IC de 3 ans est mis en place par l'institut de formation dont Gilles est co-gérant, Formation Évolution et Synergie, basé à Avignon (voir la présentation dans les annexes à la fin du livre A2) de 3 ans. Il réunit un groupe de 75 participants, dont Isabelle et Elisabeth font partie, et se constitue alors un réseau initial de compétences et de cœur, qui donne naissance début 2014 à l'association loi 1901 du même nom, VISION 2021.

Cette association compte maintenant une centaine de membres et se déploie dans de nombreuses directions. Elle organise tous les ans un Congrès sur le thème de l'Intelligence Collective ainsi qu'une Université d'Été. Une présentation détaillée figure dans les annexes à la fin du livre (voir annexe A3).

Un autre aspect de cette dynamique est la construction d'un programme de formation développé par Robert Dilts, « Success Factor Modeling » (SFM™) ou « Modélisation des Facteurs de Succès », sur 3 cursus de formation indépendants et pourtant complémentaires.

1) **Entrepreneurs de la nouvelle génération :** « vivez vos rêves et créez un monde meilleur par votre entreprise ou votre affaire » est un programme conçu pour permettre aux gens de développer les compétences et l'engagement nécessaires pour lancer un projet basé sur leur passion et leur vision en créant un « cercle de succès » pour eux-mêmes, leurs clients, leurs équipiers et leurs partenaires.

2) **Leadership conscient et résilience :** « orchestrer l'innovation et l'énergie pour le futur » couvre les capacités à inspirer les autres à donner du sens à leurs actions, à relever les défis et à rebondir face à l'adversité. Le programme souligne l'importance de la créativité et de l'endurance en tant que facteurs de succès majeurs pour créer des entreprises désirables qui contribuent positivement à la vie.

3) **« Faciliter l'Intelligence Collective »** s'intéresse à comment soutenir efficacement l'Intelligence Collective au sein des groupes et des équipes, en créant les conditions qui permettent aux gens de travailler de manière créative et productive pour accomplir leurs rêves et leurs visions. Le programme se déroule en 3 modules : 1/ Créer des collaborations génératives - 2/ Modéliser les synergies - 3/ Activer la sagesse des foules. C'est ce programme qui a servi de socle au projet PERICEO et à ce livre. Et depuis le début de l'aventure, sept

formateurs ont été certifiés et habilités par Robert à enseigner ce cursus de Facilitateur en Intelligence Collective à travers le monde.

P.E.R.I.C.E.O (Projet d'Etude et de Recherche en Intelligence Collective dans les Entreprises et les Organisations) est l'un des groupes de travail de VISION 2021. Cette étude a vu le jour dès l'automne 2013, suite aux exercices de modélisation des phénomènes de synergie proposés dans la formation de Robert. Son propos a été de prendre la mesure sur le terrain des dernières tendances et des idées trouvées par les équipes et les organisations, pour favoriser les synergies et déployer la mise en œuvre l'Intelligence Collective, afin d'aborder les défis et d'exploiter au mieux les opportunités dans le contexte économique actuel.

Un certain nombre d'équipes et d'entreprises ont donc été choisies sur la base de leur réputation, de leur fonctionnement innovant et de leur leadership, pour participer à des entretiens de modélisation. Un processus structuré et une méthodologie d'interview ont été élaborés pour permettre aux facilitateurs issus de la formation « Intelligence Collective » de mener à bien leur travail en gardant une cohérence d'ensemble. Une charte et un code d'éthique spécifiques ont été rédigés. Ils figurent en fin de livre dans les annexes (voir A4 et A5). Vous trouverez la liste des facilitateurs qui ont mené les interviews au début de ce livre, dans les remerciements.

Voici quelques exemples de questions posées pendant les entretiens (Voir annexe A6 pour le détail du questionnaire) :

* Quels sont les challenges et les opportunités auxquels les entreprises ou les équipes font face couramment ?

* Comment envisagent-elles et valorisent-elles l'Intelligence Collective en tant qu'éléments-clés du succès dans l'environnement des affaires aujourd'hui ?

* Comment modifient-elles leurs stratégies de business et leurs pratiques du management pour encourager et développer l'Intelligence Collective ?

* Quelles étapes spécifiques ont été employées pour soutenir l'Intelligence Collective à un niveau pratique ?

Une grosse partie du travail a consisté ensuite à analyser l'ensemble des interviews pour en extraire un certain nombre de convergences et l'ébauche d'un modèle structuré. Cette ébauche a été ensuite testée dans différents contextes et optimisée. Puis les facilitateurs sont retournés vers leurs interlocuteurs dans les entreprises choisies et ont croisé les similitudes et les différences entre leurs réponses et le modèle dégagé, en pointant les atouts mais aussi les points de vigilance à exercer, pour continuer à développer des synergies et favoriser l'émergence de l'Intelligence Collective. Ces échanges ont débouché sur la mise en place d'accompagnements sur mesure, selon les entreprises concernées, permettant d'alimenter la suite de l'étude PERICEO et des méthodologies de facilitation de l'Intelligence Collective. C'est le récit de cette aventure qui constitue la base de ce livre. Notre but est de partager nos découvertes et d'encourager d'autres études et expérimentations.

Travailler ensemble au sein de groupes et d'équipes devient de plus en plus courant et fait partie de la vie contemporaine et des entreprises modernes. C'est donc un facteur de succès essentiel pour les entrepreneurs et les leaders, depuis les start-ups à leur début jusqu'aux grandes organisations avec une longue histoire.

Cela fait maintenant presque vingt ans que les principes, les compétences et les modèles mis à jour par l'approche SFM™ (Success Factor Modeling) ont été appliqués pour dynamiser la croissance et la prospérité. Quand Robert et John ont commencé à travailler avec SFM™, ils considéraient que leurs travaux n'offraient pas simplement des connaissances sur les entreprises efficaces, mais plutôt un mouvement qui permettrait d'enrichir la vie des gens et de rendre le monde meilleur. Ce livre fait partie de cette vision plus large qu'on peut décrire simplement en parlant de « créer un monde auquel chacun a envie d'appartenir ».

Introduction

Pourquoi parle-t-on autant d'Intelligence Collective (IC) aujourd'hui ?

Comme pour beaucoup de termes importants et « évocatifs », il y a eu presque autant de définitions de l'Intelligence Collective que d'auteurs sur le sujet... Par exemple Hiltz et Turoff (1978) la définissent comme « une capacité de décider collectivement qui est au moins aussi bonne ou si possible meilleure, que si c'était l'œuvre d'un seul membre du groupe ». Smith (1994) la définit comme « un groupe d'êtres humains poursuivant une tâche comme si le groupe lui-même était un organisme cohérent et intelligent œuvrant avec un seul esprit, plutôt qu'une collection d'agents indépendants ». Et Lévy (1994) la définit comme « une forme d'intelligence universellement distribuée, constamment en effervescence, coordonnée en temps réel, et qui produit une mobilisation efficace des compétences » (Malone et Bernstein, 2015, page 2).

Si l'intelligence en général peut être définie comme la capacité à interagir avec succès dans le monde, plus particulièrement face aux défis ou aux changements, l'intelligence collective peut être vue comme « *l'intelligence partagée d'un groupe, qui émerge de la collaboration et de la communication entre plusieurs individus, se manifestant par exemple lors de processus de synergie, de résilience ou d'autres phénomènes comme ceux apparentés aux équipes performantes (peak performance) ou à la Sagesse des Foules* » (Surowiecki, 2008).

Dans notre monde contemporain en pleine mutation, cette notion d'intelligence collective nous semble plus que pertinente. En effet la récente crise économique mondiale a forcé les équipes et les organisations à modifier leur manière de fonctionner pour pouvoir faire plus avec moins de ressources. Parallèlement, l'accélération des échanges, la révolution digitale un sentiment croissant de perte de sens et le besoin d'avancer en confiance dans un environnement de plus en plus incertain renforcent la nécessité de passer à d'autres modes de collaboration. Dans ce contexte, travailler ensemble avec d'autres, dans des groupes et des équipes, devient de plus en plus commun et constitue une part grandissante et importante de la vie des affaires contemporaines – et le faire de manière efficace est essentiel. Dans une interview récente de Forbes.com, le journaliste Dan Schawbel a demandé à Adam Grant, professeur à l'université de Wharton[1], d'expliquer pourquoi interagir avec d'autres est le nouveau moyen pour réussir, en quoi c'est même plus important aujourd'hui que par le passé (https://www.forbes.com/sites/danschawbel/2016/02/02/adam-grant-why-you-shouldnt-hire-for-cultural-fit/#7fa8b3d37eba).

En ce qui nous concerne et tout au long de nos travaux, nous partirons de la définition suivante :

Dans les systèmes humains, l'Intelligence Collective est liée à la capacité d'une équipe, d'un groupe ou d'une organisation, à penser et à agir sur un mode aligné et coordonné. De la même manière que l'hydrogène et l'oxygène se combinent pour former la troisième entité « Eau », l'intelligence collective transforme les individus séparés en un groupe cohérent et crée une équipe dans laquelle le tout est véritablement plus grand que la somme des parties

Robert Dilts 2016

---

1   Adam Grant est professeur associé à L'université de Pennsylvanie de Wharton. Il est diplômé de l'université du Michigan et de Harvard en psychologie des organisations. Ses recherches portent sur la motivation, l'organisation du travail, les comportements de coopération et d'entraide. Il a été distingué comme l'un des meilleurs professeurs de Business School de moins de 40 ans et a reçu le « Excellence in Teaching Award » pour la qualité de son enseignement à Wharton. Il est reconnu comme l'un des experts RH les plus influents à l'international et est l'auteur du best-seller *Give and Take*.

Chapitre 1

Les fondamentaux de l'Intelligence Collective

Nous venons de l'évoquer, il y a presque autant de définitions de l'intelligence collective que d'auteurs sur le sujet... Et nous savons par expérience qu'en matière de communication il est fondamental de clarifier ce que nous mettons derrière chaque mot, le sens qu'il revêt pour les personnes en présence : *sommes-nous bien d'accord sur ce que recouvre ce mot, cette idée ? Parlons-nous de la même chose ?*

Il nous semble donc prioritaire, sans revenir sur le contenu détaillé que nous dispensons dans nos formations ou interventions en IC, d'exposer le plus clairement possible ici les fondamentaux auxquels nous croyons et qui sous-tendent nos recherches. Vous retrouverez ces fondamentaux par la suite dans le texte, repérables par une « astérisque (*) ».

1.1 Résonance – Synergie – Émergence

La **résonance** renvoie à ce qui nous rassemble, là où nous sommes semblables, là où nous nous retrouvons. Sans prendre le temps de déceler cette résonance, difficile d'avoir envie d'aller plus loin…

Cela fait référence à un genre d'influence mutuelle entre des systèmes ou des objets particulièrement harmonisés les uns avec les autres.

Dans les groupes, la résonance fait écho au degré d'alignement ou de connexion ressentis par certains membres vis à vis des idées, des valeurs et des qualités d'autres membres.

* Qu'est-ce qui est semblable ?
* Où nous connectons-nous ?

La **synergie** renvoie quant à elle à nos complémentarités, que l'on est désormais capables de voir comme des différences sur lesquelles capitaliser. La résonance a permis cela, de rencontrer l'autre et de le percevoir comme un enrichissement.

La synergie se produit lorsque deux choses (ou plus) fonctionnent ensemble pour produire un résultat impossible à atteindre si elles étaient restées isolées.

Elle nécessite non seulement un échange d'énergie mais aussi d'informations, pour produire un résultat qui inclut et dépasse les contributions individuelles.

* Où sont les différences ?
* Comment ces différences se complètent-elles ?

L'**émergence** pour sa part se produit après les deux premières étapes : qu'est-ce qui apparaît là et qui n'est ni de toi ni de moi, mais bien au-delà de nous ?

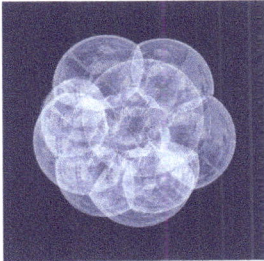

L'émergence survient lorsque des "schémas" complexes se produisent à partir d'interactions de groupe relativement simples.

Les qualités émergentes sont celles qui ne proviennent pas directement des composants d'un système mais plutôt de la manière dont ses composants interagissent, par exemple quand le tout est plus grand que la somme des parties.

* Quoi de neuf peut apparaître au travers de nos interactions ?
* Quoi d'autre devient possible ?

Une image parlante peut être celle d'une molécule d'eau, qui naît de la combinaison spécifique de deux atomes qui n'avaient rien à voir avec cette molécule au début : l'hydrogène et l'oxygène.

1.2 Intention

« Il n'est pas de vent favorable pour celui qui ne sait où il va »
- Sénèque

En PNL, on dit que **l'intention focalise l'attention**. L'intention permet de focaliser l'énergie vers un objectif. Sans intention précise, nous ne réaliserions rien de spécifique, notre énergie se disperserait un peu dans toutes les directions.

Mener une vie constructive et épanouie sous-entend évoluer de façon consciente, en posant des intentions successives et en se focalisant sur leur réalisation.

Il peut être éclairant à ce stade de faire un parallèle avec nos smartphones et tablettes.

Si nous les utilisons « off-line », elles sont déconnectées, absentes à elles-mêmes et donc au champ que représente internet. Il en va de même pour nous : pour fonctionner en Intelligence Collective et de façon générative, nous devons être présents à nous-mêmes pour être présents aux autres… et dans un état de bien-être porteur.

1.3 État C.O.A.C.H. et état C.R.A.S.H.

L'état génératif C.O.A.C.H. – Canal ouvert

* **Centrage**, autour de votre centre abdominal.

* **Ouverture** de votre champ de conscience.

* **Attention**, conscience alerte vis à vis de ce qui se passe en vous et autour de vous.

* **Connexion** à vous-même et au système plus large dont vous faites partie.

* **Hospitalité** envers tout ce qui peut survenir à partir d'un état de ressource et de curiosité

L'état dégénératif C.R.A.S.H. – Canal fermé

* **Contraction**

* **Réactivité**

* **Analyse Paralysante**

* **Séparation**

* **Heurt/Haine**

1.4 Holons et holarchie

Les prémisses de la collaboration générative et de l'intelligence collective se trouvent dans la notion de « holons » et de « holarchie » initiées par Arthur Koestler dans les années 1960[2]

* **Holons** : chaque personne est à la fois un tout unique et séparé, composé d'autres touts, et partie d'ensembles plus vastes. La réalité est comme un hologramme (image tricimensionnelle dont chaque partie contient l'intégralité de l'image) créé par l'interaction des différents holons.

* **Holarchie** : la dynamique des relations / interactions entre holons. Une hiérachie intégrée de sous-ensembles semi-autonomes, eux-mêmes constitués de sous-ensembles et ainsi de suite. Chaque nouveau tout inclut et en même temps transcende les parties du niveau inférieur. Il est important de souligner que, dans une holarchie, les niveaux inférieurs sont les composants nécessaires de tous les niveaux supérieurs. Si l'un des niveaux inférieurs du système est manquant, les niveaux supérieurs ne pourront pas être pleinement manifestés.

2   Termes et théorie créés par le romancier Arthur Koestler dans ses ouvrages (*The act of Création* et *Ghost in the machine*, en 1964 et 1967). Repris par l'écrivain et formateur transformationnel Ken Wilber en 1997 dans *Une brève histoire de tout*. Egalement utilisés en physique dans la formulation relativiste de la théorie quantique des champs. Cf Modélisation des facteurs de succès Tome 1 (pp.22-23) et Tome 2 (p. 8)

1.5 Ego et âme

En tenant compte du fait que chacun de nous est un holon, nos vies et motivations sont régies par ces deux aspects complémentaires de nos identités : ce qui provient de notre existence en tant que (1) individu, tout indépendant et séparé, et (2) partie d'un tout plus vaste (ex : famille, profession, communauté, etc.).

Nous appelons ego la part de notre vie que nous percevons comme un tout individuel et nous appelons âme la part de notre vie que nous percevons comme un holon (partie d'un tout plus vaste). De notre point de vue ces deux aspects, ego et âme, sont nécessaires à une existence saine et couronnée de succès.

Les questions fondamentales liées à notre ego concernent ce que nous voulons réaliser pour nous-mêmes en termes d'ambition et de rôle. Les questions fondamentales liées à l'âme concernent notre vision et notre mission pour les systèmes plus vastes dont nous faisons partie.

6. Alignement des niveaux logiques (Pyramide de R. Dilts)

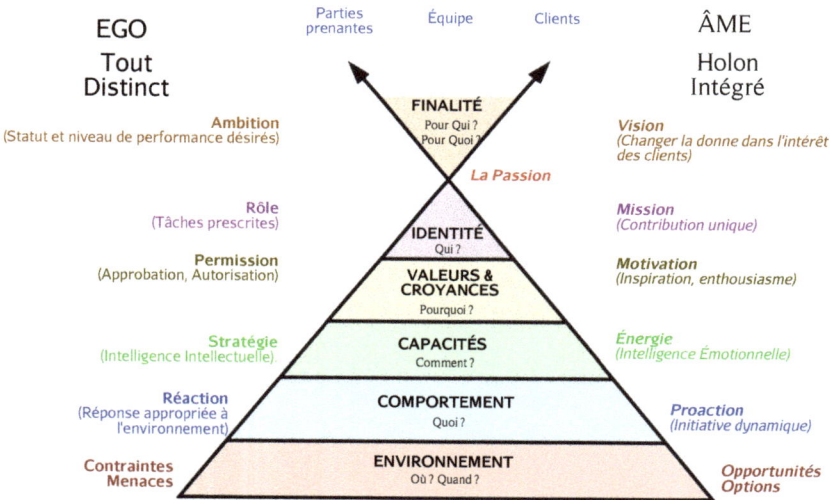

« La notion de niveaux logiques se rapporte au fait que certains processus et phénomènes sont créés par les relations qu'ils ont avec d'autres processus et phénomènes. »

Tout système d'activités constitue aussi un sous-ensemble à l'intérieur d'un autre système, qui lui-même est emboîté dans un autre système, et ainsi de suite. Ce genre de relation entre des systèmes produit des processus qui sont situés à des niveaux différents du système dans lequel on est en train de fonctionner. Le langage, la structure de notre cerveau, et nos systèmes sociaux illustrent cette différenciation de niveaux et constituent des hiérarchies ou niveaux de processus naturels.

En tant qu'exemple simple, considérons le taux de changement ou la « vitesse » d'une voiture. La vitesse est fonction de la distance parcourue par un véhicule dans un temps donné (par exemple, 10 km/h). La vitesse traduit ainsi la relation entre la distance et le temps. La vélocité de la voiture allant du garage à la route se situe à un niveau différent de celui de la voiture, du garage, de celle de la route ou de l'horloge, parce qu'elle est une propriété de la relation entre eux et n'a pas d'existence sans eux.

De la même manière, la « profitabilité » d'une entreprise se situe à un niveau différent de celui de l'équipement utilisé par cette même entreprise et une idée se situe à un niveau différent de celui des neurones du cerveau qui la produisent.

A l'origine, le concept des niveaux logiques d'apprentissage et de changement était présenté en tant que mécanisme dans les sciences comportementales par l'anthropologue Gregory Bateson, qui s'est appuyé sur les recherches de Bertrand Russell en logique et en mathématiques.

Selon Robert Dilts :

> L'expression consacrée « niveaux logiques », telle que je l'utilise en PNL, s'inspire du travail de Bateson et fait référence à des niveaux de processus organisés hiérarchiquement à l'intérieur d'un individu ou d'un groupe. La fonction de chaque niveau est de synthétiser, organiser et diriger les interactions du niveau situé immédiatement en dessous. Changer quelque chose à un des niveaux supérieurs s'exprimerait nécessairement vers le bas, ce qui précipiterait des changements sur les niveaux inférieurs. Changer quelque chose à un niveau inférieur pourrait influencer les niveaux supérieurs, mais ne le fait pas nécessairement. Ces niveaux logiques sont composés (par ordre descendant) des niveaux suivants : (1) l'identité, (2) les croyances et valeurs, (3) les capacités, (4) les comportements, et (5) l'environnement. Un sixième niveau, que l'on peut appeler « spirituel », peut se définir comme un type de « champ relationnel » embrassant de multiples identités donnant forme à un sentiment d'appartenance à un système plus grand, au-delà de son identité individuelle.

1.7 Vision – Mission – Ambition – Rôle

Les recherches réalisées pour la Modélisation des Facteurs de Succès révèlent qu'un individu, une équipe ou une organisation atteignent leur niveau de performance le plus élevé lorsque les niveaux des facteurs de succès, à la fois pour l'ego et pour l'âme, sont équilibrés, alignés et intégrés.

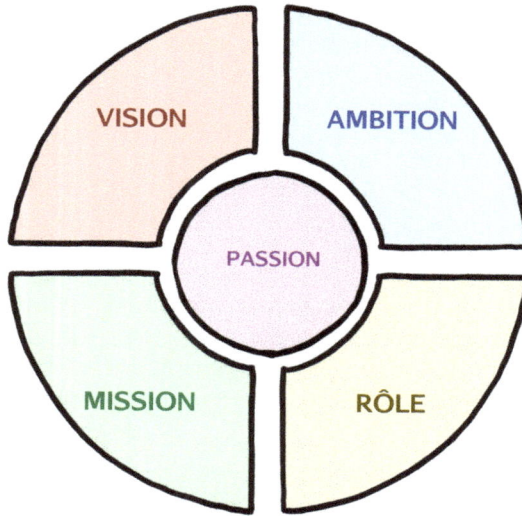

Au cœur, il y a la **passion** qui peut se définir comme un désir ou un enthousiasme intense pour quelque chose.

Votre **vision** et votre **mission** donnent un sens, une direction et un but à ce que vous entreprenez.

Votre **ambition** nourrit votre désir/volonté de développement, d'accomplissement et de réalisation.

Votre **rôle** définit la position, le statut ainsi que les capacités et compétences associées qui sont nécessaires à la réalisation de votre vision, votre mission et votre ambition.

1.8 Modélisation

Le dictionnaire Webster définit un modèle comme « une description simplifiée d'une entité ou d'un processus complexes », tels qu'un « modèle informatique », des systèmes circulatoire et respiratoire. Pour le Larousse, un modèle est « ce qui est donné pour servir de référence, de type ». Le terme vient de la racine latine modus, qui signifie « manière de faire ou d'être ; méthode, forme, mode, habitude, façon ou style. » Plus spécifiquement, le mot « modèle » dérive du latin *modulus* qui signifie habituellement une « petite » version du mode original. Le « modèle » d'un objet, par exemple, est par essence une version ou une représentation miniature de cet objet. Un « modèle de travail » (comme celui d'une machine) est quelque chose qui peut réaliser à petite échelle le travail que la machine elle-même fait, ou est censée faire.

La notion de « modèle » a également fini par signifier « une description ou une analogie utilisée pour aider à visualiser quelque chose qui ne peut être directement observé (un atome, par exemple) ». Elle peut aussi être employée pour indiquer « un système de postulats, de données et d'inférences présents en tant que description formelle d'une entité ou d'une situation. »

Le domaine de la programmation neurolinguistique s'est développé à partir de la modélisation de comportements et de processus de pensée humains. *Modéliser des compétences comportementales* implique d'observer et de cartographier les processus personnels et interpersonnels clés produisant une performance réussie ou remarquable. Le but du processus de modélisation comportemental est d'identifier l'essence des éléments cognitifs et des actions que doit effectuer un individu ou un groupe pour produire une réponse ou un résultat désiré – c'est à dire, découvrir quelle est « *la différence qui fait la différence* ». Le processus consiste à prendre une performance ou une interaction complexe et à la décomposer en un nombre de parties suffisamment petites pour être reprises. La finalité de la modélisation d'un comportement est de créer un « modèle » ou une carte de ce même comportement de manière à ce que n'importe qui, motivé pour le faire, puisse l'utiliser pour reproduire ou simuler une particularité de cette performance.

La modélisation peut être comparée à l'identification de clés spécifiques, nécessaires pour ouvrir la porte de la réussite dans différentes situations de vie. La « clé » correspondant à une « serrure » spécifique est représentée par une combinaison appropriée de comportements et de l'état d'esprit correspondant, qui sont nécessaires pour aborder de façon efficace les problèmes et contraintes présents dans un certain contexte.

Par conséquent, l'objectif du processus de modélisation est non pas d'aboutir à la description « juste » ou « vraie » du processus de pensée d'une personne ou d'un groupe spécifique mais de créer une *carte instrumentale* (soutenue par une variété d'exercices, de grilles et d'outils) permettant aux individus d'appliquer les facteurs modélisés, afin d'atteindre des résultats clés dans un contexte qu'ils auront déterminé eux-mêmes. C'est l'utilité qui prime.

La méthodologie de Modélisation des Facteurs de Succès (SFM™) a été développée pour identifier, comprendre et appliquer les facteurs clés qui guident et soutiennent les personnes et les organisations qui réussissent. Elle se base sur un ensemble de principes et de spécificités qui conviennent parfaitement pour analyser et identifier des tendances incontournables dans les *pratiques des affaires* et les *compétences comportementales* d'individus, équipes et entreprises qui réussissent.

1.9 Grille d'évaluation des différents niveaux

Une grille d'évaluation peut être définie comme un tableau regroupant les principaux facteurs déterminants de la réussite d'un groupe, d'une équipe de travail sur un thème donné. Une échelle oscillant entre le niveau inférieur et le niveau supérieur aide ledit groupe à clarifier son niveau d'interactions et à déterminer des axes d'amélioration. Ces grilles d'évaluation peuvent être établies aux différents niveaux de la pyramide de l'alignement des niveaux logiques (voir en page 10).

Exemple de grille d'évaluation

Facteur de Succès	Niveau Bas	1+1= -1	1+1=- 0	1+1= 1	1+1= 2	1+1= 3	Niveau Haut
1. Raison d'être du projet	*Ambigüe*	1	2	3	4	5	*Claire*
2. Discussion	*Circonspecte*	1	2	3	4	5	*Ouverte*
3. Interaction	*Évitée*	1	2	3	4	5	*Engagée*
4. Soutien	*Uniquement soi-même*	1	2	3	4	5	*De chacun pour tous*
5. Utilisation des talents	*Pauvre*	1	2	3	4	5	*Pleine*
6. Rapport	*Bas*	1	2	3	4	5	*Élevé*
7. Allure	*Lente*	1	2	3	4	5	*Rapide*

1.10 Cadrage

Le cadre renvoie au contexte et aux règles définies collectivement en amont et dans lequel les membres d'un groupe travailleront.

L'objectif d'un cadrage est de s'assurer que tous les membres du groupe sont en phase quant à l'intention commune et aux rôles et à la responsabilité de chacun. Il s'agit de poser les conditions pour instaurer un climat de confiance et une relation d'équivalence, permettre à chacun d'écouter avec attention. Poser un cadre permet aussi et de façon non négligeable de « recadrer » facilement les dérives et de ramener chacun à sa coresponsabilité le cas échéant.

1.11 Collaboration dynamique d'équipe et leadership tournant

La réussite dans le monde des affaires d'aujourd'hui demande que, de plus en plus, l'accent soit mis sur un travail d'équipe "efficace". Ce travail s'appuie sur des principes nécessaires pour soutenir une "collaboration dynamique d'équipe".

Une équipe se définit généralement comme "un groupe de personnes travaillant ensemble à une tâche ou unissant leurs efforts dans un même dessein". Ainsi, une équipe peut être considérée comme un groupe de personnes qui s'assemblent pour "tirer" dans la même direction, ce qui produit un effet génératif pour chacun des membres de l'équipe, comme pour l'équipe entière.

La collaboration dynamique d'équipe implique de combiner plusieurs compétences et traits de personnalité de façon à ce que chaque membre de l'équipe soit au clair sur la finalité, les rôles et responsabilités, et les principes de fonctionnement de l'équipe. Un exemple d'origine naturelle et une allégorie de la "collaboration dynamique d'équipe" est la migration des oies. Les oies des neiges font chaque année un voyage aller et retour de plus de 8 000 Km. entre la zone arctique Nord-américaine et l'Amérique centrale, à des vitesses de 80 km/h ou plus. C'est la capacité de ces oiseaux à collaborer dynamiquement en équipe qui leur permet cet exploit exceptionnel. Les enseignements que nous pouvons tirer des oies pour collaborer dynamiquement en équipe sont les suivants :

Enseignement n° 1

Fait : Chaque fois qu'une oie bat des ailes, elle crée un "appel d'air" pour les oiseaux qui suivent. Lorsqu'une oie est capable de se placer au bon endroit derrière l'oie qui la précède dans le vol, elle bénéficie de l'énergie que cette dernière produit, ce qui réduit ses efforts. En volant en "V", les oies gagnent 71 % en distance de vol par rapport à ce qu'elles parcourraient seules.

Enseignement : Les gens partageant une direction commune et un sens de la communauté peuvent atteindre leur destination beaucoup plus rapidement et facilement, parce qu'ils avancent en puisant inspiration et énergie les uns chez les autres.

Enseignement n° 2

Fait : Lorsqu'une oie quitte la formation, elle sent soudainement la résistance et l'effort du vol en solitaire.

Enseignement : Si nous étions comme les oies, nous resterions en formation avec celles et ceux allant dans la même direction que nous.

Enseignement n° 3

Fait : Quand l'oiseau de tête se fatigue, il retourne dans la formation pour profiter de la portance de l'oiseau qui le précède.

Enseignement : Il y a un avantage à réaliser les tâches ardues à tour de rôle et à partager le leadership.

Enseignement n° 4

Fait : Les oies volant dans la formation cacardent pour encourager celles de tête à maintenir l'allure.

Enseignement : Nous devons nous assurer que notre signal est encourageant. Dans les groupes où règne l'encouragement, la production est beaucoup plus élevée. La puissance de l'encouragement (être proche de son cœur ou de ses valeurs profondes et encourager le cœur et les valeurs profondes d'autres) est la qualité de signal que nous cherchons.

Enseignement n° 5

Fait : Lorsqu'une oie est malade, blessée, ou abattue, deux oies abandonnent la formation et la suivent dans sa chute pour l'aider et la protéger. Elles restent à ses côtés jusqu'à ce qu'elle meure ou soit à nouveau capable de voler. Puis, elles rejoignent une autre formation ou rattrapent le vol.

Enseignement : Si nous étions comme les oies, nous resterions proches les uns des autres, dans les moments difficiles comme dans les bons moments.

1.12 Réunions déléguées

Les réunions font parties des catalyseurs/outils de collaboration les plus courants. Leur fréquence et leur organisation sont des éléments clés pour favoriser la synergie et l'émergence, qui nécessitent notamment d'atteindre et d'entretenir certains types d'interactions et de rétroactions (feedback) réguliers. Bien sûr ce qui est traité, et la façon dont la réunion est structurée, déterminera fortement le degré de synergie, d'émergence, d'intelligence collective et de collaboration générative. Faute de quoi, nombre d'entre nous l'ont déjà vécu, elles peuvent s'avérer chaotiques et inefficaces.

Parmi les formats de réunions reconnus comme efficaces et s'inscrivant dans l'esprit de l'intelligence collective en favorisant le développement de l'équipe et celui des individus : les réunions avec fonctions déléguées. Ce système de délégation de fonctions, "Réunions déléguées®", a été mis au point par Alain Cardon, maître coach certifié par l'International Coach Federation depuis 2002, consultant au sein de http://www.metasysteme-coaching.fr, formateur, maître conférencier, auteur et co-auteur de plus de quinze ouvrages dans les champs du management et des ressources humaines. La réunion avec fonctions déléguées permet au leader d'un groupe ou d'une équipe de partager différents rôles (le facilitateur, le pousse-décisions, le scribe, le cadenceur/gardien du temps, l'observateur ou meta) avec les participants : on passe d'une réunion caractérisée par la centralisation des fonctions à une réunion qui permet de développer la performance collective. Ce type de réunion modifie les modes d'organisation interne en matière de conduite de réunions et s'inscrit dans la durée. Il présente notamment la caractéristique de faire « grandir » les participants en présence.

Chapitre 2

Notre démarche

Nombre d'entre nous ont un parcours en entreprises et nous travaillons régulièrement avec elles, d'où notre intérêt pour le projet PERICEO présenté dans la préface de ce manuel : une expérience d'action sur le terrain, en intelligence collective, pour prendre la mesure de l'émergence de l'intelligence collective dans les équipes et les organisations.

Pour vous présenter cette expérience de création de l'outil PERICEO, nous avons choisi de procéder selon le processus d'« Imaginiérie », mis au point par Walt Disney. Le terme est une combinaison de "imagination" et « ingénierie ». L'imaginiérie s'articule autour de l'équilibre et de la coordination de trois postures / rôles fondamentaux : le rêveur, le réaliste et le critique.

> *« Pour réaliser une chose vraiment extraordinaire, commencez par la rêver. Ensuite, réveillez-vous calmement et allez d'un trait jusqu'au bout de votre rêve sans jamais vous laisser décourager »*
>
> Walt Disney.

Pourquoi penser à Walt Disney à ce stade de nos recherches ? Nous sommes accompagnés par Robert Dilts, plusieurs parmi nous ont un cursus PNL, nous expérimentons des outils puissants, ce serait un gâchis que de ne pas capitaliser sur cette fantastique opportunité, non ?

Walt Disney est désormais un mythe, une légende... Il a fait rêver des millions de personnes à travers la planète, enfants ou adultes ! Il a été, il est toujours, l'un des plus grands créateurs. Robert Dilts a au cours de sa carrière « modélisé » les stratégies mises en œuvre par différents génies : Walt Disney, mais aussi Mozart, Leonard De Vinci, Bateson, Freud…

L'idée est de mettre en évidence ce que font ces personnes de spécifique pour atteindre un tel degré de réussite et de rayonnement. Pour Walt Disney donc, il ressort qu'il avait une méthode de créativité originale et bien à lui, que l'on pourrait assimiler à des « jeux de rôles », puisqu'il passait – et faisait passer ses équipes – par trois postures différentes : celle du Rêveur, ensuite celle du Réaliste, puis enfin celle du Critique. Chez Walt Disney, ce fonctionnement a été optimisé en consacrant un espace de travail spécifique au Rêveur, puis un autre au Réaliste, enfin un troisième au Critique. Et pourquoi passer par ces trois postures spécifiques ? Eh bien tout simplement parce-que si rêver est magnifique, en restant dans cet espace de rêve les projets risquent de ne pas - ou peu – avancer. Les deux autres espaces – celui du réaliste et du critique – ont alors pour objectifs de leur permettre une réalisation concrète. Selon Walt Disney, ces trois dimensions doivent collaborer ensemble. Le rêveur sans le réaliste parviendra difficilement à concrétiser ses idées. Sans le rêveur, le critique et le réaliste s'avèrent peu créatifs. Et de la même façon, le critique et le rêveur, sans le réaliste, se trouvent souvent face à des conflits. Quant au rêveur et au réaliste collaborant ensemble, ils y parviendraient, mais sans atteindre le degré de qualité qu'ils auraient avec un critique parmi eux.

Alors, concrètement, comment mettre en œuvre la stratégie Disney ?

1. Générer des idées nouvelles grâce à des qualités de « Rêveur ».

2. Structurer ces idées grâce aux qualités du « Réaliste ».

3. Envisager tous les obstacles ou difficultés possibles grâce à la posture du « Critique ».

Il s'agit, pour une personne ou une équipe, de mettre en œuvre les conditions pour passer par ces trois étapes. Et donc si possible de consacrer une pièce différente pour chacune d'elles, ou tout au moins un espace différent au sein d'une même pièce.

Le Rêveur

« *Le futur est grand, et il brille* »
Walt Disney

Réponse de Disney lorsqu'on l'interviewa sur sa vision, juste après la sortie de Fantasia.

La salle du rêveur était tapissée de dessins. Il s'y créait une Vision globale du projet, sans préoccupation précise de l'enchaînement des étapes ou des nécessités qui apparaîtraient. Nulle place à ce stade pour le réaliste ou le critique. Une consigne par contre : vivre ce rêve par tous les canaux possibles : visuel, auditif, kinesthésique…

Le Rêveur se focalise sur le **Quoi ?**

Il cherche à répondre à des questions du type :

* Quel est l'objectif ?
* Quel est le but de ce projet ?
* En quoi est-ce qu'il vous motive ?
* Qu'est-ce qu'il vous apportera ?
* Quelles solutions ou stratégies vous viennent à l'esprit ?
* En développant ce projet, qui voulez-vous être ?

Le Réaliste

Cette phase se focalise sur le **Comment ?**

Le réaliste va alors déterminer un plan d'action concret, un « storyboard » pour déterminer les étapes clefs et l'enchaînement des étapes à réaliser, avec le timing correspondant. Le rationnel et la logique sont à ce stade déterminants.

Le réaliste répond à des questions comme :

* Que devez-vous faire pour mettre en œuvre votre vision ?
* De quelles ressources avez-vous besoin ?
* De quelles personnes avez-vous besoin ?
* Comment allez-vous procéder ?
* Pour faire quoi ?

Le Critique

« Vingt fois sur le métier remettez votre ouvrage »

Nicolas Boileau

Cette phase se focalise sur le **Pourquoi ?**

L'objectif est une critique constructive et positive qui aide à identifier les sources d'erreurs possibles.

Les questions à poser / se poser peuvent être :

* Qui pourrait être positivement ou négativement affecté par le projet ?

* Pourquoi quelqu'un pourrait faire des objections à propos du projet ?

* Quels sont leurs besoins ou leurs attentes ?

* Que manque-t-il ?

* Dans quelles circonstances vous ne mèneriez pas ce projet ?

La posture du critique est de se mettre au maximum à la place de toutes les parties prenantes.

Ceci étant posé, nous vous proposons d'explorer notre expérience de collaboration générative PERICEO.

2.1 Le Rêveur

Inspirés par Martin Luther King... Nous avons fait un rêve.

Le rêve d'un monde meilleur où tous les individus naîtraient non seulement libres et égaux en droits, mais aussi d'un monde où chacun prendrait la responsabilité de son épanouissement et de sa réalisation personnelle ainsi que de ceux de la collectivité.

Le rêve d'un monde où le profit serait au service des individus, et non le contraire.

Pour parodier Einstein, le rêve d'une société qui nourrirait les espérances de chacun de ses membres, lesquels en retour lui apporteraient également, en un cercle vertueux.

Le rêve, la vision* d'une société à laquelle chacun rêve d'appartenir...

Nous sommes des consultants, des professionnels des organisations, tentons donc de rêver activement !

Notre mission*: Comment pouvons-nous apporter par ces moyens propres à l'Intelligence Collective une différence qui puisse faire la différence ? Puisqu'il est des contextes, des organisations où « cela marche », où « 1 + 1 ≥ 3 », ne serait-il pas possible de mettre en évidence ce qui s'y passe de différent, d'en construire un modèle et de le dupliquer dans d'autres milieux en souffrance ?

Puisque l'excellence se modélise, pourquoi nous en priver ? À partir d'un modèle qui nous permette d'apprécier le niveau d'Intelligence Collective dans les organisations – publiques, privées, monde associatif, éducatif, ONG – nous pourrions contribuer à essaimer cette façon d'être et de faire à tous les niveaux de la société ! **Nous pourrions aider à faire émerger des systèmes écologiques, où les individus et les collectifs s'épanouiraient en conscience ! Comment ? En formant, écrivant, facilitant, supervisant, en donnant des conférences à différents endroits du Monde ! Ne serait-ce pas merveilleux ?**

A ce moment du Rêve nous sommes en 2013, la formation de Facilitateur en Intelligence Collective donné par Robert Dilts sur une durée de trois ans a démarré sur Avignon en avril 2012. Des groupes de travail et recherche constituent un des aspects originaux de ce cursus. Le contexte est idéal pour proposer aux participants (professionnels des organisations) de s'impliquer dans ce rêve : nous verrons bien combien seront intéressés ! Appliquons-nous déjà en interne certains principes d'Intelligence Collective, et notamment « les personnes qui seront-là seront les bonnes ». Le 21 octobre 2013 à l'occasion d'une des réunions du groupe de formation, Roberts Dilts nous présente PERICEO : Projet d'Étude du Rôle de l'Intelligence Collective dans les Entreprises et les Organisations. Il propose à ceux qui le souhaitent de passer à une autre dimension avec ce projet apprenant en constituant un groupe de travail en IC, en tant que co-acteurs avec des rôles* de co-modélisateurs, dont lui et Gilles Roy seront superviseurs.

Les buts de l'étude, notre ambition * :

* Susciter des prises de conscience de l'importance de l'Intelligence Collective et de l'expertise du Dilts Strategy Group (DSG) auprès des entreprises-cibles.

* Établir des contacts personnalisés avec les interviewés.

* Publier les résultats de l'étude dans des médias ciblés.

* Créer des ouvertures pour d'autres.

* Tester auprès de clients potentiels les outils et les modèles applicables à l'IC, tels que développés par le DSG.

2.2 Le Réaliste

Deux aspects sont importants ici : la forme (comment nous allons fonctionner), et le fond (le contenu de notre étude).

Pour le premier aspect, l'occasion est trop belle: nous allons bien sûr nous appliquer les bases mêmes du fonctionnement en IC, ceux que nous abordons en formation, et peut-être allons-nous en découvrir d'autres, pourquoi pas ?!

Pour le second, nous allons largement l'aborder dans les étapes détaillées ci-dessous.

Pour la forme elle-même donc, nous allons fonctionner en appliquant les principes de base d'un fonctionnement en IC, à savoir :

* Utilisation d'un leadership tournant* : en fonction des phases du projet, des leaders différents ont émergé (phase 1 : Rédaction du questionnaire et interview des organisations – Phase 2 : structuration de l'outil collaboratif – Phase 3 : utilisation de l'outil, organisation de la modélisation et émergence – Phase 4 : écriture et formations). Il est intéressant de constater que pour la phase la plus importante en termes de temps, c'est un co-pilotage qui a permis de tenir la distance, soit au final un modèle

en soi de leadership tournant, nous y reviendrons. De la même façon, il est important de noter que c'est à partir du moment où un planning de réunions (rendez-vous téléphoniques) précis a été mis en place que les travaux ont pu avancer. Importance fondamentale du rythme et du cadre.

* Mise en place de réunions déléguées* : à chacune de nos réunions, essentiellement téléphoniques, les rôles* de facilitateur, gardien du temps et pousse-décisions étaient à chaque fois tenus par des personnes différentes. Conséquences directes : co-responsabilisation et performance accrues au niveau du groupe.

* Rencontres à un rythme régulier, avec des travaux entre les sessions et le respect des engagements pris entre ces sessions. Des réunions en grand groupe sur une base trimestrielle pour que les sous-groupes se mettent en phase quant aux avancées de chacun, des réunions en sous-groupes auto-gérés sur une base mensuelle, voire hebdomadaire.

* Mise en place d'un outil collaboratif : nous avons mis en place une Dropbox, que chacun pouvait alimenter ou consulter en fonction du moment de l'étude et de la tâche envisagée (lors des interviews, cela nous a permis de collecter et de consulter ; lors de la mise en place des calendriers ou des synthèses, chacun pouvait consulter l'ensemble des travaux). Cette Dropbox a également permis aux groupes de travail des sessions de formations ultérieures (en France métropolitaine, mais aussi DROM – La Réunion – et aux États-Unis – Santa-Cruz) de revenir sur les étapes.

* Utilisation de certains principes chers aux Forums Ouverts, et surtout « *Les personnes qui sont là sont les bonnes* » : le nombre de personnes qui se sont impliquées dans ce projet a varié selon les périodes, de 25 au début à 6-7 à d'autres moments, puis 4 lors de la dernière phase, et cela a rendu le processus très fluide, en permettant à chacun de réellement s'impliquer au moment où il se sentait concerné et pas uniquement de faire acte de présence.

a. L'organisation

Concrètement, il nous faut donc nous doter d'un outil et d'une méthodologie qui permettent de mettre en évidence, quel que soit le type d'organisation, la présence d'une intelligence collective au sein des équipes, et si possible de la mesurer.

Il s'agit de découvrir et de modéliser comment les équipes et les organisations performantes génèrent et utilisent L'Intelligence Collective. Ceci en mettant en œuvre les enseignements des deux premiers modules de formation et en élaborant des stratégies pour continuer d'enrichir nos observations et nos modélisations.

Ce projet concerne l'entreprise (au sens large), fait écho à nos expériences professionnelles et nous semble réaliste. Nous y voyons aussi une opportunité d'être acteurs-trices, ambassadeurs-drices et accompagnateurs-trices de l'Intelligence Collective en action en continuant d'apprendre en marchant, et cela nous motive.

Pour cela il nous semble important que chacun soit un JE au service d'un NOUS qui contribue avec ce qu'il est à la vision d'un monde auquel chacun serait fier d'appartenir. Notre intention ici est également de mettre en pratique les notions de holons et de holarchie*. Nous prenons chacun en considération le fait que chacun de nous constitue un tout complet et indépendant et qu'en même temps il fait partie d'un ensemble de « touts » de plus en plus vastes qui nous incluent et nous transcendent : notre groupe PERICEO et nos partenaires clients mais aussi nos familles et amis, nos communautés de travail respectives…

Dans notre formation, nous avons aussi appris l'importance de la présence à soi et à l'autre/aux autres. Notre intention* pour ce projet est aussi de veiller à cette « présence », de travailler à nous accepter sans méconnaissance, à faire en sorte qu'avec l'autre, les autres, chacun puisse avoir des rapports et interactions constructifs… de pratiquer l'état C.O.A.C.H. *

L'expérience, comme vous le verrez par la suite, nous fera réaliser que de la théorie à la pratique le chemin n'est pas toujours confortable. Il est cependant enrichissant et apprenant et nous permettra l'équilibre et la reliance au projet, aux membres du groupe PERICEO et aux partenaires entreprises.

b. La communauté de travail

Pour se doter d'un tel outil, et puisqu'il est des contextes, des équipes, qui présentent des caractéristiques propres à l'Intelligence Collective, il nous paraît logique d'aller à la rencontre de ces équipes et de ces organisations pour les interviewer. Nous allons donc fonctionner en groupe de recherche, avec l'intention de collecter un maximum d'informations et de voir lesquelles seront pertinentes pour notre étude et pour la modélisation à laquelle nous souhaitons aboutir.

Pour pouvoir exploiter et comparer les caractéristiques propres à ces différentes organisations, il nous faut partir de l'exploitation de données mises en évidence sur une base comparable.

La première étape consiste donc à exposer le projet à l'ensemble des personnes en formation pour voir lesquelles seront intéressées à l'idée de s'impliquer dans un travail d'une telle envergure. Et soyons réalistes, il nous faudrait un bon nombre de participants !

Lors de cette première phase, 25 consultants s'avèrent intéressés par l'idée de participer.

Notre environnement présente à la fois une grande richesse et un défi de taille : nos activités professionnelles respectives sont prenantes et nous sommes géographiquement dispersés (à ce moment-là de l'aventure nous venons de différentes régions de France, Belgique et Suisse). Une réalité qui fait que nous devons jongler avec nos agendas et communiquons et interagissons principalement par conférences téléphoniques (avec une qualité d'audition parfois médiocre), courriel et via la Dropbox (espace collaboratif ouvert pour notre projet).

Avantages :

* Nous conservons des traces de nos avancées grâce aux comptes rendus de conférences téléphoniques, les e-mails. Toutes les informations importantes sont conservées dans la Dropbox. Une opportunité d'être dans l'explicite dans nos communications, et créatifs. Et une opportunité qui jouera un rôle fondamental dans l'émergence de notre outil !

* Nous prenons conscience des points forts et faibles des outils collaboratifs (voir rubrique « prises de conscience »).

* Nous gagnons du temps si rigueur et discipline sont au rendez-vous.

* Et bien sûr la diversité des organisations sélectionnées (taille, contexte, secteur d'activité) est source d'enrichissement ! (Voir les critères paragraphe c).

Inconvénients :

* Nous avons du mal à percevoir le non verbal au téléphone et le non verbal/para verbal dans l'écrit.

* Lorsque que les connexions téléphoniques ou internet sont défaillantes pas d'accès à l'information !

* A plusieurs moments clefs de notre avancée, nous éprouvons la nécessité de nous rencontrer. Dans ce contexte, le contact « physique » est crucial.

Il nous semble également important de souligner qu'à chacune de nos réunions en présentiel comme à distance, nous veillons à démarrer en installant les conditions favorisant la collaboration générative : commencer par un état COACH *, refaire l'exercice dans les moments de confusion ou d'éparpillement, et poser le cadre. Cela nous a permis de rester reliés et de tirer parti de l'ensemble des ressources du moment. Nous veillons également, en fin de réunion, à définir la prochaine étape avant de conclure par un mot, une métaphore ou un geste (en présentiel !).

c. Les organisations sélectionnées

Elles représentent :

* Différents Secteurs d'activité (dans le domaine public ou privé)
    - Industrie, Services, Technologie, Environnement, Collectivité, Éducation.

* Différentes Tailles et profils d'Entreprises
    - ≤ 50 personnes, ≤ 250 personnes, > 250 personnes.
    - PME, filiales ou équipes de grandes entreprises ou de multinationales, etc.

* Différentes Phases d'Entreprises
    - Croissance, Expansion, Maturité.

* Différentes Réputations et Notoriétés
    - Entre pairs, locale, régionale, nationale ou internationale.

Les personnes interrogées sont de profils et de cultures différents :

* Dirigeants, managers
  - Dans un premier temps.

* Collaborateurs, équipes
  - Dans un second temps pour valider les facteurs clés de l'Intelligence Collective.

Quatre critères obligatoires de sélection sont appliqués :

* Mode managérial innovant valorisant la coopération (mode Intelligence Collective ou Collaboration Générative).

* Plus de 15 personnes.

* Activité économiquement viable (résultats à l'équilibre, si ce n'est en croissance).

* Relations gagnant-gagnant avec les entreprises partenaires (voir annexe 4, « Charte et code éthique pour le projet PERICEO »).

Les participants au groupe de recherche contactent un certain nombre d'équipes et d'entreprises pour participer à des entretiens et différentes interventions pour des durées allant d'une heure à plusieurs jours.

Finalement, en ce début de projet, 22 entreprises correspondant au profil sont interviewées. Elles sont considérées comme des partenaires, parties prenantes de l'aventure PERICEO. S'agissant d'un outil « vivant », nous continuons à interviewer, à recevoir du feed-back et à modéliser.

d. Mise en œuvre de l'étude : une dynamique de collaboration en spirale ascendante

« Aucun de nous, en agissant seul, ne peut atteindre le succès ! »
Nelson Mandela

« Pour faire de grandes choses, il ne faut pas être au-dessus des hommes, il faut être avec eux. »
Montesquieu

Lors de notre formation, nous avons découvert que l'état d'esprit de la collaboration générative s'appuie sur une synergie d'équipe pour produire un plus gros gâteau commun. La réussite est la connectivité.

* La collaboration nous permet d'accroître notre champ d'influence afin de remplir notre mission et d'atteindre notre vision.

* Les relations avec les individus clés forment le réseau qui conduit au niveau supérieur.

* Chaque niveau s'accompagne de l'expansion d'identité correspondante.

Le schéma ci-dessous illustre la progression des acteurs et du champ d'influence du groupe PERICEO à chaque étape du projet : une dynamique de spirale ascendante dont chaque boucle représente une étape du projet. Le projet a avancé de manière « organique ».

Le groupe a fonctionné sur le principe du leadership tournant* avec des leaders au service de la vision PERICEO. Un des facteurs clé de l'Intelligence Collective est l'exemplarité à commencer par les leaders. Gilles Roy et Robert Dilts, ainsi que les différents leaders PERICEO l'ont incarnée.

Gilles et Robert (avec l'appui de Deborah Bacon Dilts) ont en effet été très présents dans les phases 1 et 2, puis se sont mis en retrait tout en restant toujours présents et soutenants et n'intervenant que comme des « guides » au moment du passage d'une étape à l'autre, ou en cas de besoin exprimé. De même pour certains d'entre nous, qui en fonction de leur envie, leur énergie, leurs compétences et leur agenda se sont portés volontaires et engagés comme leaders de groupe et/ou sous-groupe pour une étape ou une autre du projet avant de redevenir contributeurs « lambda ». C'est ainsi que le groupe a grandi en autonomie et en capacitation, tout comme chacun de ses membres, pour réaliser l'ambition* PERICEO et accomplir sa mission au service de la vision*.

Groupe: monde auquel nous sommes fiers d'appartenir.

Vision
Nous

Mission

Groupe: modéliser l'IC en IC pour la rendre visible et la mettre en oeuvre partout où elle pourra s'avérer utile.

- Etape 8 (à venir): transmissions entreprises

- Etape 7: conclusions communications, conférences, ateliers, articles, livre (10 pers)

Novembre 2016

- Etape 6: restitutions / test entreprises partenaires, ateliers (9 pers)

Février 2016

- Etape 5: Filtrage, synthèse, représentation (9 pers phase pilote - 20 pers puis 12 phase production)

Juillet 2015

- Etape 4: Récolte informations, interviews, transcriptions (19 pers)

Décembre 2014

- Etape 3: contacts entreprises partenaires (22 pers)

Mars 2014

- Etape 2: méthodes (12 pers)

- Etape 1: plan action, script, cadre commun (12 pers)

Collaborateurs clé

- Lancement projet (22 pers)

21 octobre 2013

Valeurs / croyances

Esprit / raison d'être

émotions

Compétences / capacités

Soi

Comportements / stratégies

La Spirale de Collaboration PERICEO

e. L'émergence de l'outil

« Sans personnalité créative, pensant et jugeant d'une manière indépendante, le développement ascendant de la société est impensable, comme l'est le développement de la personnalité individuelle sans le terreau nourrissant de la communauté »

Albert EINSTEIN

Nous l'avons évoqué dans le chapitre 1 – Fondamentaux, les trois piliers de l'Intelligence Collective sont les phases de résonance, synergie et émergence. Sans passer par les deux premières, peu de chances de voir « émerger » quelque-chose de nouveau ! Et souvenez-vous, au début de cette aventure nous ne savions pas vraiment ce que nous allions trouver. Nous avions foi en un processus, étions passionnés par la question, et en même temps nous avancions avec incertitude quant au résultat final.

Nous en sommes clairement là à cette étape, tellement gratifiante et énergisante : celle de l'émergence ! Une précision s'impose : cet ouvrage a été écrit en collectif par quatre personnes : Isabelle, Elisabeth, Gilles et Robert. Si chacun a été plus présent dans la rédaction d'une partie ou d'une autre, nous avons systématiquement relu, rebondi sur l'ensemble de l'ouvrage, repris indifféremment certains passages de l'un ou de l'autre. Néanmoins, nous savons qu'en intelligence collective, l'individu est aussi important que le collectif en présence. Et c'est ce qui se passe au moment de l'émergence : elle vient à travers une personne, bien que nécessairement issue de l'ensemble des interactions d'un groupe. Pour l'illustrer, voici le témoignage d'Elisabeth, qui a vécu cette émergence, puis celui d'Isabelle, qui a été la première à interagir avec Elisabeth.

Elisabeth Falcone

Souvent, l'émergence a lieu après un CRASH. Cela était jusqu'à ce moment-là, pour moi, essentiellement une théorie. Pourtant, j'allais l'expérimenter sous peu.

Dans le cadre du point mensuel que nous faisions régulièrement depuis plusieurs mois, j'avais en théorie ce soir-là une conférence téléphonique avec certains de mes collègues. A l'heure prévue, je me connecte, lance la réunion, qui devait avoir lieu à 19h30. Agréable musique d'ambiance, 5 minutes, 10 minutes passent, puis 15... personne d'autre ne se connecte. Devant mon ordinateur, j'ai au moins la chance alors de visionner nos différents fichiers, comptes rendus, synthèses, etc. A ce stade du projet, nous avons exploité les interviews, travaillé sur les facteurs clefs, qui se trouvent regroupés par niveaux logiques*.

Le temps passe encore, toujours personne. Je pense avec le recul qu'entre la fatigue et la musique je dois être à ce moment-là dans une sorte d'état C.O.A.C.H.*, en tous cas dans un certain lâcher prise, et c'est dans cet état que je continue pendant plusieurs minutes à consulter les fichiers. Pour autant au bout d'une demi-heure d'attente environ je raccroche, quelque peu agacée. Et comme il vaut mieux poser, verbaliser le C.R.A.S.H.*, j'envoie un mail à mes collègues. En gros, « je vous apprécie, mais là ce n'est pas OK pour moi. Vous êtes occupés, fatigués, moi aussi. Un mot pour vous désister aurait été bienvenu ». Et je quitte mon bureau, avec une seule idée : me reposer, profiter de ma soirée. Et alors que je suis en lâcher prise depuis quelques minutes, je « vois » littéralement l'outil, les facteurs se regrouper par niveau en une sorte de « toile » colorée. Ceux qui utilisent Excel et les graphiques en radar percevront immédiatement de quel type de représentation je parle (voir partie III – L'outil). Et là je ressens une grande joie, beaucoup d'énergie, une envie irrépressible de partager cela avec mes collègues. Car oui, il s'agit bien d'une émergence, qui est venue à travers moi mais qui nous relie tous, qui nous appartient à tous.

A ce moment-là, j'ai besoin de créer cet outil de mes mains. Je ne pense pas immédiatement à Excel et aux graphiques en radar, je prends plutôt des crayons de couleur et schématise très vite ce que j'ai en tête. Et j'ai envie - besoin – de communiquer, je commence par le faire avec Isabelle lors d'un échange téléphonique puis avec mes collègues (entre autres ceux qui étaient absents à la réunion programmée, car au final, c'est quand-même grâce à eux que j'ai vécu ce moment, n'est-ce pas ?). Donc je leur envoie ma représentation par scan mail. Second mail, globalement : « C'est génial je viens de penser à ça, qu'en pensez-vous ? » Il y a eu dès le lendemain plusieurs retours très positifs, cela a résonné chez plusieurs d'entre eux… Et nous avons continué dans cette voie. L'étape suivante a donc été la représentation sous Excel dont nous parlerons plus loin, avec les facteurs clefs regroupés dans les grilles d'évaluation*.

Un certain nombre de points me semblent caractéristiques dans cette expérience :

- L'état centré et détaché dans lequel je me trouvais alors que je compulsais les fichiers et qu'une musique légère, agréable résonnait à mes oreilles.
- Le lâcher prise qui a précédé l'émergence : « ne plus penser à ça ».
- Le fait de déposer le « crash ».
- Ce grand sentiment de joie, cette montée d'énergie alors que je « vois » la représentation. La fatigue disparaît.
- Le besoin irrépressible de créer de mes mains et de partager.

Et bien évidemment, dès le lendemain matin, je partage avec mon amie et co-leader Isabelle.

Isabelle Meiss

Depuis le début de l'aventure en tant que co-leaders (juin 2014), Elisabeth et moi avons appris à nous connaître et à travailler en synergie. A ce stade de l'aventure, nous sommes en avril et comme l'indique Elisabeth, nous travaillons depuis plusieurs mois en sous-groupes à la synthèse des facteurs clés par niveau. Nous nous tenons régulièrement informées des avancées suite aux réunions de façon à rester en phase, ce qui nous permet d'avancer pas à pas. Malgré une certaine fatigue, je garde le cap et ma passion pour ce projet collaboratif reste intacte. Un soir, en fin d'une grosse journée de travail, je découvre avec surprise un mail d'Elisabeth dont le sujet est « HELP », me demandant si elle peut m'appeler le lendemain pour en discuter. C'est la première fois depuis le début de notre collaboration qu'elle s'ouvre à moi aussi sincèrement à propos d'un mal être personnel. Jusqu'alors elle m'avait semblée déterminée et sûre d'elle. Je suis surprise et touchée par ce que je considère comme de la confiance de sa part, même si un brin frustrée par rapport aux avancées du projet. Ceci étant, à ce moment-là il fait doux, je suis au calme devant mon écran et je me sens en état ressource, pleine d'énergie avec un sentiment de confiance. De plus, les réunions en sous-groupe de mon côté s'étaient bien déroulées et étaient productives. Je suis en capacité d'accueillir la nouvelle, de me mettre à sa place, *de consulter mon agenda pour vérifier mes disponibilités et de lui répondre dans la foulée en lui proposant de m'appeler le lendemain dans l'après-midi.*

Le lendemain, ne sachant à quoi m'attendre et toujours en forme, je me prépare à notre échange avec sérénité. Mon intention* est de l'écouter et contribuer du mieux que je peux à faire émerger une solution de notre échange en étant reliée à la vision et la mission PERICEO. Je n'ai pas réalisé à ce moment-là, mais pense que je vivais l'état C.O.A.C.H.*. Belle surprise en entendant sa voix enjouée et ce que j'entends me réjouis. La veille au soir elle a eu une « illumination » et vu ce qui lui manquait... : la représentation globale du travail des derniers mois, qu'elle a traduit à la main sous la forme d'un dessin. Ce qu'elle me décrit résonne* en moi et je comprends que nous passons à une nouvelle dimension dans le projet. Après ce moment de partage joyeux, nous échangeons sur l'étape suivante. Il se trouve qu'une réunion téléphonique de l'ensemble de l'équipe PERICEO a lieu quelques jours après pour faire un point général. Elle a envie de partager sa découverte au groupe, a pour projet d'exploiter son dessin sous Excel, mais craint de ne pas avoir le temps de le faire d'ici la réunion. Une idée me vient en l'entendant... pourquoi ne pas annoncer la nouvelle à l'occasion de l'invitation mail à la réunion en l'intégrant comme un des sujets dans l'ordre du jour ? Je lui suggère de joindre le scan de son dessin avec ses explications comme matière pour feedback, en ayant confiance dans le fait que cela dynamisera le groupe et sera génératif... nous l'avons appris en formation, c'est une occasion de le vivre ! Sitôt dit sitôt fait, elle envoie le mail à l'ensemble du groupe. Vous connaissez la suite.

Pour conclure

Le fonctionnement de l'outil lui-même vous est présenté dans la partie III. Ce qui nous semble important ici est de témoigner de la totalité d'un processus et de ce que peut être une émergence, lorsque toutes les conditions sont remplies. Prendre le temps de la relation, poser le cadre, capitaliser sur les différences, s'engager et assumer les responsabilités prises, garder le rythme et une belle qualité d'échanges, pour enfin en arriver à cette phase tellement gratifiante ! Être à l'aise avec l'incertitude en ayant une Vision* claire, et motivés par la Passion*, peut réellement nous emmener à vivre cela.

2.3 Le critique

Une fois notre modèle établi, il s'agit d'en évaluer la pertinence sur le terrain, d'identifier son impact, son utilité, les éventuelles objections, les possibilités d'amélioration, de réajustement. Pour ce faire, nous avons testé notre modèle auprès de différents publics.

a. Les retours et critiques constructives des partenaires clients

Nous sommes dans un premier temps retournés chez les partenaires clients interviewés pour leur faire une restitution de notre travail. Nous avons procédé en commençant systématiquement par un échange en tête à tête avec les dirigeants des entreprises partenaires. Certains d'entre eux, convaincus de l'intérêt de l'outil PERICEO, ont souhaité le tester en atelier avec leur équipe. Vous trouverez ci-dessous quelques exemples de retours.

- **Exemples de ce qui a émergé lors de rendez-vous en tête à tête avec le dirigeant**

    « L'exercice m'a permis de prendre du recul, m'a fait réfléchir, et réaliser ce qu'il est important de faire cette année : nous poser coté innovation technique et travailler organisation RH, nous recentrer sur qui nous sommes, ce que l'on fait et au nom de quoi, retravailler notre vision ensemble pour qu'elle soit encore plus « porteuse de rêves et source d'action ». Ma première action sera de m'en servir en réunion et pour le bulletin d'information de janvier (2016). »

Certains ont indiqué l'importance des interactions avec un tiers facilitateur qui permettent de prendre du recul et de prendre conscience plus rapidement :

> *« Quand c'est formalisé par écrit, j'ai énormément de mal à me mettre en phase avec les questions et à y répondre. »*

> *« J'ai encore fait très fort au niveau surcharge de l'emploi du temps ces dernières semaines. Je vais lever le pied et me recentrer sur mes collaborateurs. Je sens qu'ils ont besoin de moi. »*

- **Exemples de ce qui a émergé en journée de travail avec les dirigeants et les équipes**

Après des ajustements d'ordre sémantique entre les consultants et les dirigeants de l'entreprise partenaire en amont de l'atelier, sur la base du modèle établi, les équipes ont été en mesure de :

1. Évaluer collectivement pour chaque niveau logique les forces et les axes de progression de l'entreprise sur la base de la perception de chacun. Pour vous donner une idée, ci-après trois photos d'un travail collaboratif de l'ensemble des collaborateurs d'une PME sur la base des grilles d'évaluations des facteurs de succès PERICEO pour les trois premiers niveaux logiques (Vision/finalité, identité, valeurs et croyances).

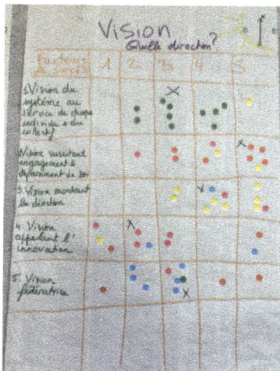

Évaluation facteurs de succès Finalité / Vision

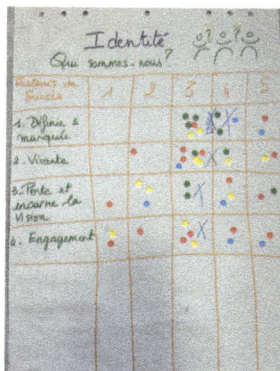

Évaluation facteurs de succès Identité

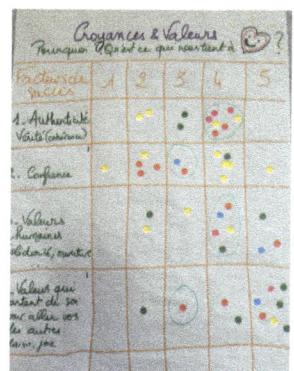

Évaluation facteurs de succès Croyances et Valeurs

Exemple de grilles d'évaluation sur le modèle PERICEO réalisées en collectif lors d'une journée de séminaire de l'ensemble des collaborateurs d'une entreprise partenaire.

2. Établir collectivement des pistes et des d'actions à mettre en œuvre pour le futur :

Nous avons repris dans le tableau ci-après quelques extraits de ce que les collaborateurs ont produit ensemble et qui a émergé suite aux évaluations.

Exemples de pistes de travail	Exemples d'actions concrétes
• Mieux connaître et comprendre chaque service. • Interactions : meilleure prise en compte des besoins pour prendre des décisions, mieux écouter les attentes, besoins de chacun pour vaincre l'égoïsme. • Améliorer la confiance : chacun est formé, compétent. • Plus de débriefing communication et meilleure transmission des savoirs entre les services, même niveau d'information pour tous. • Vision/innovation pour simplifier et gagner en temps et énergie. • Partager et transposer les innovations. • Valoriser chaque individu. • Exemplarité et confiance réciproque. • Culture de l'écrit : de l'oral à l'action et l'explicite.	• Libérer du temps hors lieu et temps de travail pour explorer ces sujets, « Vis ma vie ». • Intégration des nouveaux arrivants. • Être locomotive du service. • Organiser des réunions mixtes, inter services. • Manger ensemble. • Réaménagement de l'espace de travail/réunion.

Ces premiers retours (non exhaustifs) de nos partenaires entreprises ont permis de valider le modèle. Ils ont aussi fait ressortir en interne du groupe de facilitateurs PERICEO un besoin de clarification notamment dans la formulation des facteurs clés pour les grilles d'évaluation de la vision, l'identité et des valeurs et croyances.

En avril 2016, nous avons donc décidé de constituer un sous-groupe pour y travailler dans un état d'esprit collaboratif, qui s'est manifesté par des critiques constructives. Il en est résulté :

1. Une mise à plat des facteurs clés.

2. Un recadrage sur les niveaux hauts et bas des facteurs clés indiqués pour chaque grille d'évaluation. Ils ont émergé du travail collectif sur les 22 interviews, les modifier fausserait la cohérence de l'étude. La sémantique ne doit pas être un problème, l'important est de s'entendre sur la représentation avec des termes les plus neutres possibles.

3. Un travail de reformulation « pas à pas » des niveaux hauts et bas pour la vision, l'identité et les valeurs et croyances où la question épistémologique s'est reposée.

Au final il a été collectivement décidé de conserver les grilles d'évaluation avec des reformulations plus neutres pour les facteurs clés des niveaux travaillés. Le modèle mis à jour a ensuite été présenté à un public plus large lors de conférences, formations, et visites clients par certains des membres de l'équipe PERICEO. La durée a varié entre une heure et une journée.

b. Les retours et les critiques constructives en atelier collectif

A titre d'exemple, nous vous présentons les retours d'expérience de l'atelier d'Isabelle et d'Elisabeth lors du 4ème Congrès International de l'Intelligence Collective du 10 novembre 2016, organisé par Vision 2021 et MOM21 au Palais des Papes à Avignon[1] sur le thème :

« Quel(s) leadership(s) pour favoriser l'émergence de facteurs clefs en Intelligence Collective et… les pérenniser dans le temps ? »

Animé par les deux co-leaders du groupe PERICEO devant un public d'une cinquantaine de personnes de profils différents du monde de l'entreprise, cet atelier a également suscité beaucoup d'intérêt et d'implication.

---

1   www.vision-2021.fr/action/2016/07/06/le-congres-de-lintelligence-collective-2016/

Pour cet atelier, nous nous sommes appuyées sur les savoir-être et savoir-faire permettant de faire émerger la collaboration générative pour déployer la puissance de l'Intelligence Collective.

Les retours que nous avons référencés ci-dessous ont fait ressortir l'importance de l'IC dans le leadership.

Facteurs de Succès	Retours des participants en fin d'atelier
Vision écologique du système, au service de chaque individu et du collectif.	*Transmission du Leadership –* *Mots clés : avoir une vision et la faire partager aux autres pour développer la créativité - État d'esprit collectif – Accompagnement – Donner du sens : le pour/quoi – Donner direction, donner énergie – Exercer son leadership ensemble = co-leadership.*
Identité Vivante.	*Accepter qui on est ! – Déontologie du leader.*
Croyances qui soutiennent l'Humain et qui sont au service de la Vie (solidarité, ouverture, responsabilité…).	*Respecter nos valeurs, se respecter soi pour mieux respecter les autres – Solidarité, les oies – Confiance - Évidence.*
Capacité à se transformer ensemble, intérieurement, tant pour les leaders que pour les collaborateurs. **Capacité** à Organiser le chaos.	*Énergies – Résonance (alignement).* *Actions Collectif.*
Comportement : Être exemplaire (dire ce que l'on fait et faire ce que l'on dit).	*Leadership tournant – montrer l'exemple, bienveillance – La bienveillance – Connexion – inspirer la confiance, donner l'énergie, accompagner le changement, lever les barrières.*
Environnement : Diversité et flexibilité.	*Résultats collectifs.*

2.4 Prises de conscience

Si les points clefs relatifs aux conditions favorisant l'émergence de l'Intelligence Collective étaient majoritairement vus en formation ou s'ils ressortaient des interviews que nous avions menées, il est indéniable que ce groupe de recherche précisément nous a fait prendre conscience et intégrer de façon très profonde des éléments incontournables. Par exemple :

* Importance fondamentale du cadre (sans cadre, le projet n'avançait pas) et de l'explicite.

* Importance d'un pilote à chaque étape.

* Importance de co-pilotages sur les phases les plus longues et déterminantes.

* Importance d'être aligné à chaque instant avec la vision du groupe (à défaut, pas assez de motivation pour mener une telle quantité de travail).

* Corollaire : être passionné par un sujet détermine et conditionne l'engagement dans le temps.

* L'outil collaboratif n'est que la prolongation des interactions humaines qui préexistent. Il est alimenté si les interactions sont riches et porteuses, à défaut il est délaissé.

* Dynamique dans le groupe PERICEO : importance du rythme, de la quantité et de la qualité des échanges.

* Spirale de la Collaboration dynamique PERICEO : voir schéma p. 29.

« It is a distinct pleasure to write this endorsement for Isabelle Meiss and Elisabeth Falcone. Elisabeth and Isabelle are two of the most dedicated, proactive and collaborative people I know. They have committed themselves to bringing the power and magic of Succes Factor Modeling to others through both their teaching and their example.

As co-authors with me and Gilles Roy on the forthcoming book The PERICEO tool for teams and organizations: developing your capacities for Collective Intelligence, Isabelle and Elisabeth are by far the most qualified people I know to teach others how to use the collective intelligence assessment tools that have come for the PERICEO modeling project.

I strongly recommend them to teams and companies seeking to increase their productivity and contribution through collective intelligence. »

Robert Dilts – March 2018

« C'est avec un grand plaisir que je rédige ces mots de soutien pour Isabelle Meiss et Elisabeth Falcone. Elisabeth et Isabelle sont deux des personnes les plus dévouées, proactives et collaboratives que je connaisse. Elles se sont engagées à susciter la puissance et la magie de la Modélisation des Facteurs de Succès chez d'autres par leur enseignement et leur exemple.

En tant que co-auteurs avec Gilles Roy de l'ouvrage L'Outil PERICEO : Équipes et organisations, développer vos capacités d'Intelligence Collective, Isabelle et Elisabeth sont de loin les personnes les plus qualifiées pour transmettre à d'autres comment utiliser les outils d'évaluation de l'intelligence collective issus du projet de modélisation PERICEO.

Je les recommande fortement aux équipes et aux entreprises cherchant à développer leur productivité et leur contribution par l'intelligence collective. »

Robert Dilts – Mars 2018

Chapitre 3

L'outil

Vous trouverez ici une présentation succincte de l'outil, avec présentation des facteurs clefs par niveau et processus utilisé. Sans être « complexe », utiliser cet outil de façon juste et pertinente nécessite deux jours de formation-action (formation qui comprend un accompagnement spécifique à la mise en action dans une organisation), dont le programme vous est proposé en annexe (A7).

Cet outil est donc basé sur l'alignement des niveaux logiques (Pyramide de Dilts)*, en réponse à la question :

Quelles sont les dernières tendances et les idées trouvées par les équipes et les organisations pour favoriser les synergies et augmenter l'Intelligence Collective afin d'aborder les défis et d'exploiter au mieux les opportunités dans le contexte économique actuel ? Quelles est la différence qui fait la différence dans ce domaine au niveau de l'environnement, des comportements, des capacités et compétences, des valeurs et croyances, de l'identité et de la vision des organisations concernées ?

Rappel des niveaux :

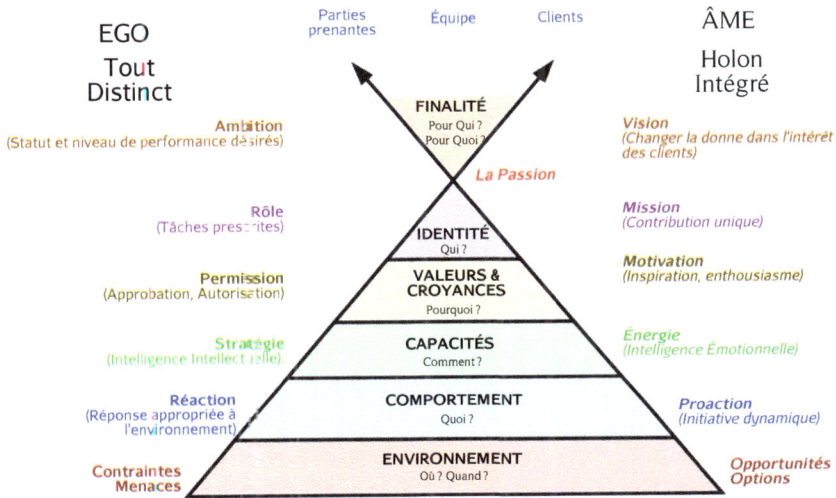

EGO
Tout
Distinct

Parties prenantes   Équipe   Clients

ÂME
Holon
Intégré

Ambition
(Statut et niveau de performance désirés)

FINALITÉ
Pour Qui ?
Pour Quoi ?

Vision
(Changer la donne dans l'intérêt des clients)

La Passion

Rôle
(Tâches prescrites)

IDENTITÉ
Qui ?

Mission
(Contribution unique)

Permission
(Approbation, Autorisation)

VALEURS &
CROYANCES
Pourquoi ?

Motivation
(Inspiration, enthousiasme)

Stratégie
(Intelligence Intellectuelle)

CAPACITÉS
Comment ?

Énergie
(Intelligence Émotionnelle)

Réaction
(Réponse appropriée à l'environnement)

COMPORTEMENT
Quoi ?

Proaction
(Initiative dynamique)

Contraintes
Menaces

ENVIRONNEMENT
Où ? Quand ?

Opportunités
Options

S'agissant de modélisation, le nombre idéal d'éléments à prendre en considération est de l'ordre de 7 plus ou moins 2 facteurs par niveau. Nous nous sommes appliqués à être au plus proche de cet idéal, pour chacun des niveaux concernés. Pour chaque niveau, nous avons également co-construit une série de questions pour permettre aux managers/collaborateurs de répondre.

Ensuite, nous avons rassemblé les facteurs mis à jour dans une grille d'évaluation pour chacun de ces niveaux, avec le niveau bas et le niveau haut correspondants.

Enfin, nous avons représenté chacun des niveaux avec les facteurs correspondants et « cotés », par un diagramme en radar.

Nous vous présentons ci-après les facteurs clefs par niveau.

3.1 Facteurs clefs Vision

Facteur de Succès	Niveau Bas	1+1= -1	1+1= 0	1+1= 1	1+1= 2	1+1= 3	Niveau Haut
1. Vision écologique du système, au service de chaque individu et du collectif.	*La vision ignore l'individu, le collectif ou les deux.*	1	2	3	4	5	*La vision est en permanence au service des individus ET du collectif.*
2. Vision qui suscite la mobilisation, l'engagement, le dépassement de soi.	*Pas d'implication ou prise d'initiative.*	1	2	3	4	5	*Mobilisations, engagements spontanés et nombreux.*
3. Vision qui montre la direction.	*La direction n'apparaît pas.*	1	2	3	4	5	*La direction est claire, et connue par tous.*
4. Vision qui appelle à l'innovation.	*Pas d'innovation.*	1	2	3	4	5	*Innovations nombreuses et récurrentes.*
5. Vision fédératrice.	*Pas de fédération des individus entre eux.*	1	2	3	4	5	*Les collaborateurs et les équipes sont fédérés autour d'une vision commune.*

Représentation en « radar » (avec exemple de cotation) :

Facteurs clefs Vision

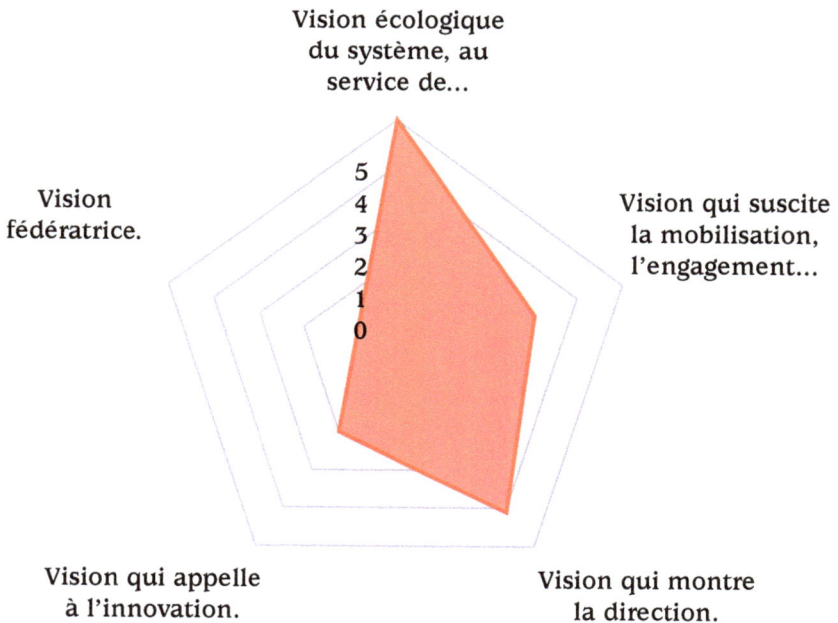

3.2 Facteurs clefs Identité

Facteur de Succès	Niveau Bas	1+1=-1	1+1=-0	1+1=1	1+1=2	1+1=3	Niveau Haut
1. Identité collective définie et marquée.	*Les collaborateurs se considèrent comme de simples achants exécutants.*	1	2	3	4	5	*Les collaborateurs se considèrent comme des chefs d'orchestre , des locomotives, acteurs de leur futur et de celui de l'entreprise. Chacun est garant de l'Intelligence Collective.*
2. Identité collective vivante.	*Partage de l'identité sans génération d'intérêt ni d'énergie.*	1	2	3	4	5	*Co-construction permanente, contagion de l'écosystème.*
3. Identité collective qui porte et incarne la Vision (chacun joue son rôle dans/ au service de l'entreprise).	*Les collaborateurs sont vus comme des professionnels peu interchangeables (chacun incarne peu la Vision dans son rôle).*	1	2	3	4	5	*Co-équipiers, partenaires impliqués concrètement qui choisissent le bon rôle, au bon moment, dans la situation (auto organisation).*
4. Identité collective qui inspire un engagement continu.	*Engagement individuel ponctuel à donner du temps aux autres.*	1	2	3	4	5	*Chacun ressent un engagement fort et continu vis-à-vis de l'identité collective.*

Représentation en « radar » (avec exemple de cotation) :

Facteurs clefs Identité

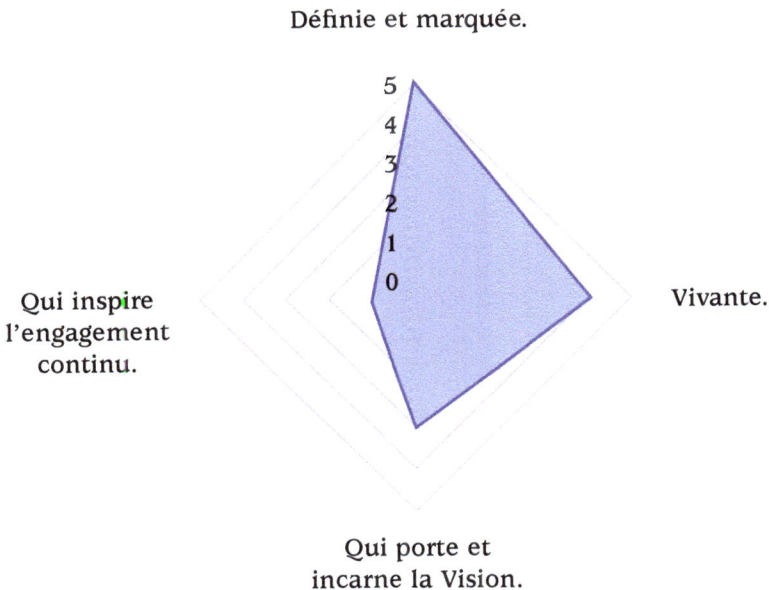

Définie et marquée.

Vivante.

Qui inspire l'engagement continu.

Qui porte et incarne la Vision.

3.3 Facteurs clefs Valeurs et Croyances

Facteur de Succès	Niveau Bas	1+1= -1	1+1= 0	1+1= 1	1+1= 2	1+1= 3	Niveau Haut
1. Authenticité, vérité.	*Aligné avec soi, mais peu ou pas avec le collectif.*	1	2	3	4	5	*Aligné avec soi ET le collectif. L'intention de l'individu et en phase avec le collectif.*
2. Confiance dans le collectif.	*Confiance en soi et en l'autre.*	1	2	3	4	5	*Confiance partagée dans ce que l'on ne connaît pas encore, dans ce qui va émerger des inter-actions.*
3. Croyances part-agées qui soutien-nent l'Humain et sont au service de la Vie (solidarité, ouverture, respons-abilité...).	*Croyances portées par quelques individus.*	1	2	3	4	5	*Croyances portées par chaque individu et au service du collectif.*
4. Croyances par-tagées qui partent de soi pour aller vers les autres.	*Les collaborateurs pensent qu'ils devraient juste compter sur eux-mêmes.*	1	2	3	4	5	*Les collaborateurs pensent que leur diver-sité et leur complémen-tarité font la valeur du groupe.*

Représentation en « radar » (avec exemple de cotation) :

Facteurs clefs Valeurs et Croyances

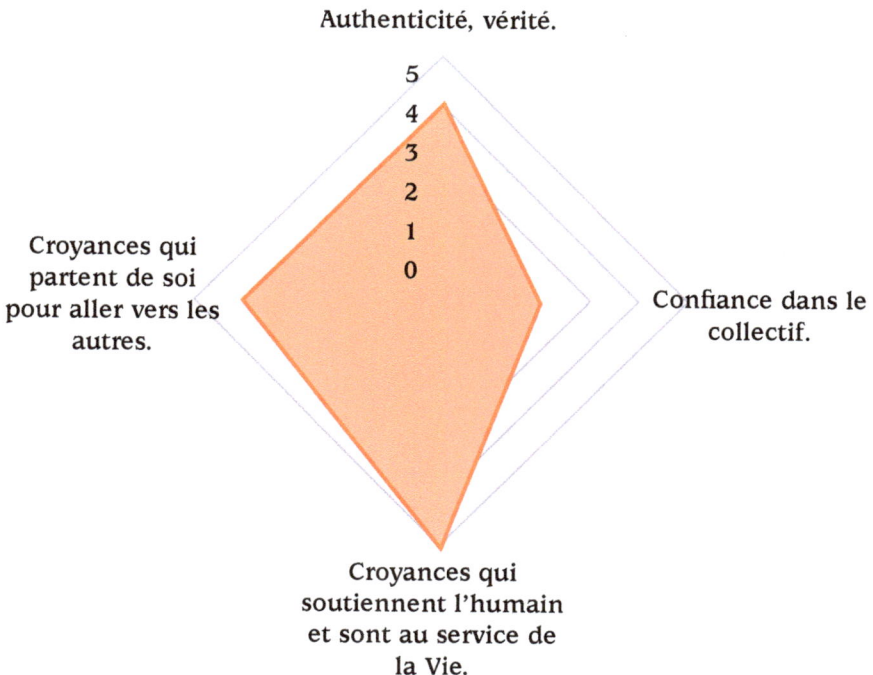

Authenticité, vérité.

5
4
3
2
1
0

Croyances qui partent de soi pour aller vers les autres.

Confiance dans le collectif.

Croyances qui soutiennent l'humain et sont au service de la Vie.

3.4 Facteurs clefs Capacités

Facteur de Succès	Niveau Bas	1+1= -1	1+1= 0	1+1= 1	1+1= 2	1+1= 3	Niveau Haut
1. Evoluer personnel-lement et profession-nellement, tant pour les leaders que pour les collaborateurs.	*C'est le leader qui initie le mouvement, sinon rien ne se passe.*	1	2	3	4	5	*L'ensemble des collabora-teurs s'implique dans la transformation collective.*
2. Jouer collectif pour l'entreprise tout en menant des projets personnels valorisants.	*Chacun se centre uniquement sur les pro-jets de l'entreprise.*	1	2	3	4	5	*Chacun développe ses projets personnels tout en contribuant aux projets des autres et de l'entreprise.*
3. S'engager et tenir ses engagements.	*Peu d'engagement et de fiabilité.*	1	2	3	4	5	*Beaucoup de solidarité et de maturité pour tenir les engagements.*
4. Faire preuve de flexibilité et de réac-tivité - en interne et en externe - en réponse aux change-ments.	*Peu de réactivité et de flexibilité.*	1	2	3	4	5	*Les collaborateurs sont capables de s'adapter aux changements dans des contextes multiples.*
5. Communiquer à plusieurs niveaux (interpersonnel, dig-ital, systémique).	*Tout le monde s'exprime mais personne n'écoute vraiment.*	1	2	3	4	5	*Les collaborateurs valorisent les points de vue de chacun et sont capables de lâcher prise.*
6. Accepter le chaos et l'utiliser de manière créative.	*Le chaos est perçu com-me une source de confu-sion et de cacophonie.*	1	2	3	4	5	*Les collaborateurs sont capables d'accueillir le chaos comme une oppor-tunité pour l'exploration de solutions créatives.*

Représentation en « radar » (avec exemple de cotation) :

Facteurs clefs Capacités

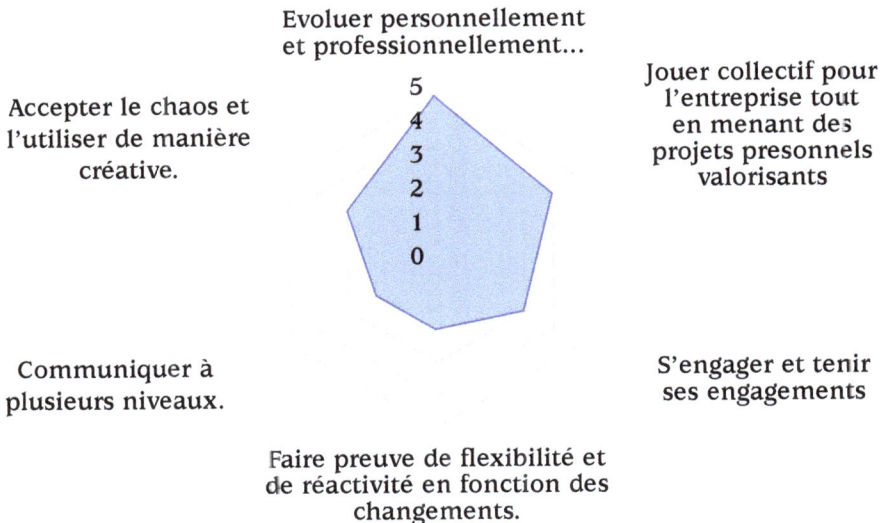

Evoluer personnellement
et professionnellement...

Jouer collectif pour
l'entreprise tout
en menant des
projets presonnels
valorisants

Accepter le chaos et
l'utiliser de manière
créative.

Communiquer à
plusieurs niveaux.

S'engager et tenir
ses engagements

Faire preuve de flexibilité et
de réactivité en fonction des
changements.

3.5 Facteurs clefs Comportements

Facteur de Succès	Niveau Bas	1+1= -1	1+1= 0	1+1= 1	1+1= 2	1+1= 3	Niveau Haut
1. Présence d'interactions nombreuses et de qualité.	*Réunions régulières et courtes pour coordonner les actions dans la même direction.*	1	2	3	4	5	*Interactions nombreuses et variées avec toutes les parties prenantes pour résoudre rapidement les problèmes et modéliser l'excellence.*
2. Attitudes positives et réalistes face à l'adversité et à la complexité.	*Les problèmes déclenchent des actions.*	1	2	3	4	5	*Les problèmes débouchent sur l'exploration de nouvelles opportunités et de ressources.*
3. Comportements exemplaires (dire ce que l'on fait et faire ce que l'on dit).	*Seulement mis en oeuvre par les dirigeants et les managers.*	1	2	3	4	5	*Mis en oeuvre par tous les collaborateurs et les équipes.*
4. Utilisation constructive des erreurs.	*Les erreurs sont vues comme des problèmes et on évite la prise de risque.*	1	2	3	4	5	*La prise de risque est encouragée, l'erreur est une opportunité d'apprentissage.*
5. Recherche de la co-construction et de la collaboration.	*Collaboration limitée au strict nécessaire.*	1	2	3	4	5	*Chacun est un « servant leader » et apporte son aide aux autres.*
6. Utilisation des talents au bon moment.	*Les talents individuels sont tolérés mais pas vraiment reconnus.*	1	2	3	4	5	*Les talents et les compétences individuelles sont reconnus comme étant nécessaires et valorisés.*
7. Valorisation de la curiosité, de l'exploration et de l'innovation.	*On explore des nouvelles manières de faire seulement quand c'est absolument nécessaire.*	1	2	3	4	5	*Faire autrement devient complètement naturel. Les collaborateurs recherchent activement de meilleures alternatives.*

Représentation en « radar » (avec exemple de cotation)

Facteurs clefs Compétences

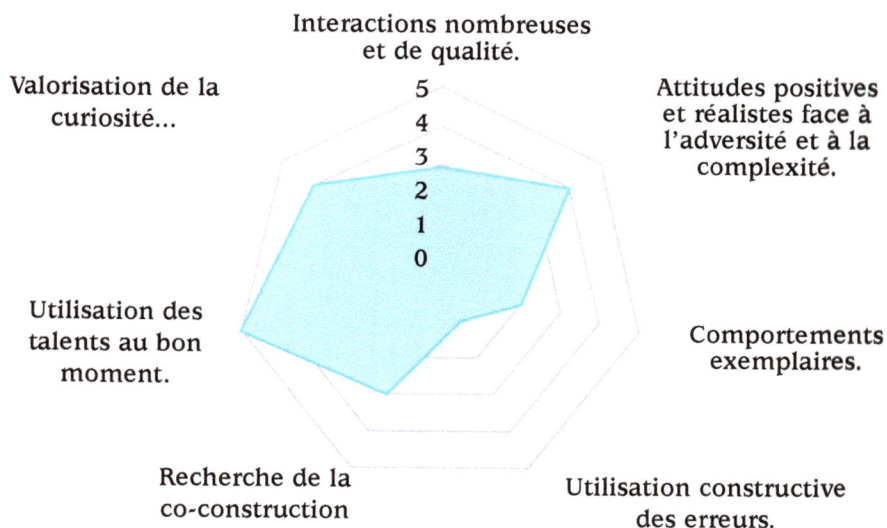

Interactions nombreuses et de qualité.

Valorisation de la curiosité...

Attitudes positives et réalistes face à l'adversité et à la complexité.

5
4
3
2
1
0

Utilisation des talents au bon moment.

Comportements exemplaires.

Recherche de la co-construction

Utilisation constructive des erreurs.

3.6 Facteurs clefs Environnement

Facteur de Succès	Niveau Bas	1+1= -1	1+1= 0	1+1= 1	1+1= 2	1+1= 3	Niveau Haut
1. Un environnement complexe et mouvant devient un atout.	*Les pressions externes sont des déclencheurs. Les collaborateurs et les équipes se mobilisent en réponse aux problèmes / besoins / crises.*	1	2	3	4	5	*Tout facteur environnemental est perçu comme une opportunité. Les collaborateurs et les équipes s'ajustent en permanence.*
2. Un environnement ouvert et connecté au monde.	*L'Intelligence Collective n'est l'ée qu'à l'innovation technologique en lien avec l'économie.*	1	2	3	4	5	*La connaissance de l'environnement provient de multiples réseaux humains (la technologie n'est qu'un outil au service de l'Intelligence Collective).*
3. Un environnement qui favorise la diversité et la flexibilité.	*Les équipes sont homogènes et auto-suffisantes.*	1	2	3	4	5	*Les équipes sont naturellement flexibles. L'information est partagée et disponible pour tous.*
4. Un environnement qui permet le changement de cadre de fonctionnement.	*Les collaboraterus s'appuient principalement sur des contextes et ressources externes favorisant l'Intelligence Collective (proximité géographique, codes traditionnels, etc).*	1	2	3	4	5	*Le cadre et les ressources nécessaires pour encourager l'Intelligence Collective sont perçus comme inhérents à chaque collaborateur et favorisent le travail en Intelligence Collective à distance.*

Représentation en « radar » (avec exemple de cotation) :

Facteurs clefs Environnement

Un environnement complexe et
mouvant devient un atout.

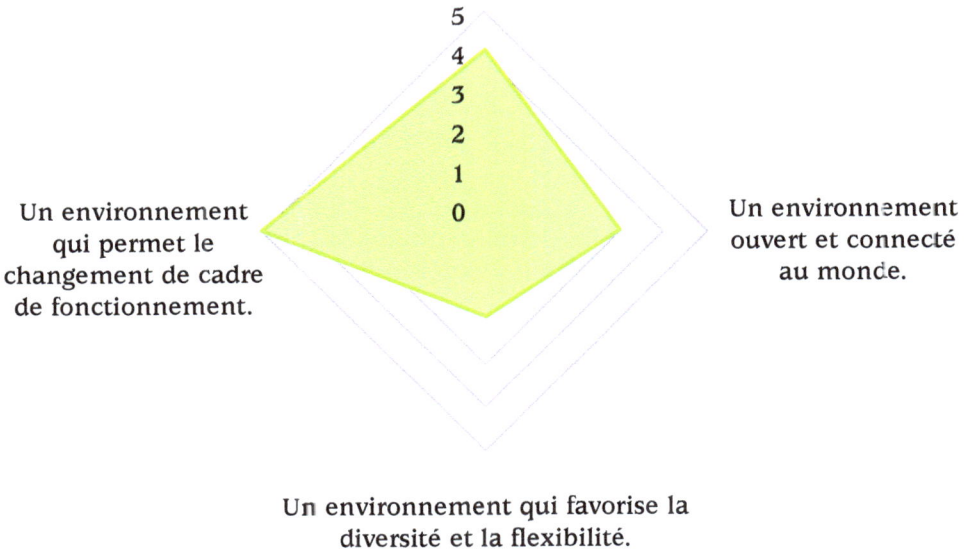

Un environnement
qui permet le
changement de cadre
de fonctionnement.

Un environnement
ouvert et connecté
au monde.

Un environnement qui favorise la
diversité et la flexibilité.

Conclusion

Notre intention première, en écrivant ce livre, est de partager notre expérience et que cet outil soit diffusé le plus largement possible... qu'il serve au sein de tout type d'organisation à la fois à optimiser les processus collectifs et à favoriser les prises de conscience individuelles.

Il présente l'avantage d'être simple d'utilisation et accessible, sous réserve d'avoir intégré les fondamentaux et principes de base (voir annexe A7). Une fois cette étape passée, vous serez totalement autonomes dans son exploitation en tant qu'outil de diagnostic, et en mesure d'identifier des axes d'amélioration et d'actions à mettre en place.

Ceci étant, il s'avère qu'au final notre passion pour l'Intelligence Collective et notre engagement, à explorer et expérimenter de nouveaux paradigmes socio-professionnels, nous a menés encore plus loin que ce que nous envisagions lorsque nous vous parlions de notre mission initiale : Apporter, par les moyens propres à l'Intelligence Collective, une différence qui puisse faire la différence.

En effet, nous avons vécu ce qui se produit lors de collaborations génératives : on sait où l'on commence, vers où on veut aller mais pas nécessairement où l'on finit ! D'ailleurs peut-il y avoir une fin ? Vaste question, nous pensons que la fin de quelque chose est le début d'autre chose !

Quoiqu'il en soit vous avez désormais entre les mains une proposition de grille de lecture et un outil à utilités multiples :

* Le témoignage d'une aventure collaborative, avec ses différentes étapes, difficultés et joies traversées. Vous disposez ainsi de la méthodologie pour modéliser toute excellence qui pourrait vous intéresser.

* La description et le vécu quant à l'utilisation d'un processus qui a largement fait ses preuves : la stratégie de Disney – ou Imaginiérie – lequel, pour les équipes qui l'utilisent, transforme et facilite étonnamment la mise en œuvre et l'efficacité d'un projet, quel qu'il soit.

* Les fondamentaux et disciplines nécessaires pour favoriser le processus de collaboration générative et susciter l'émergence de l'Intelligence Collective.

Et bien sûr l'outil lui-même, lequel, nous l'espérons, vous inspirera et donnera l'envie d'aller plus loin pour accompagner vos équipes – ou tout collectif de personnes auquel vous pourriez participer – vers plus de bien-être, bonheur et performance, et créer ainsi des organisations d'un nouveau type.

Et maintenant ?

La force de cette approche est que nous n'avons rien inventé, mais simplement observé ce qui fonctionne déjà par ailleurs. Et comme dans tout processus de modélisation, chacun de nous a la capacité de s'approprier et d'appliquer ces différences qui font la différence, tant au niveau individuel que collectif. Pourquoi donc ne pas se permettre d'accélérer ces prises de conscience et processus de transformation pour co-créer en conscience cette société porteuse de sens et de bi-en-être à laquelle nous aspirons tant ? Car tout est là, à portée de main.

A chacun de choisir, et de s'engager.

Pour notre part notre engagement est multiple :

* Être à vos côtés et vous accompagner dans l'appropriation et l'utilisation de cet outil.

* Mener différents types de séminaires et d'interventions dans les organisations pour permettre à tout individu d'intégrer ces savoir-être et savoir-faire.

* Diffuser ces travaux par des conférences et écrits divers : articles, ouvrages, blogs, réseaux sociaux, etc.

* Mener une étude similaire pour les facteurs clefs liés au Leadership Conscient pour apporter des réponses à des questions comme : quand, comment, pour quelles raisons peut-on dire d'un individu qu'il ou elle agit en « leader conscient » ? Et qu'est-ce qui amène une telle personne à agir en « leader conscient » ? Pour quelles raisons mener une telle étude ? Tout simplement parce-que l'un ne va pas sans l'autre. Dans tout processus d'intelligence Collective abouti se trouvent nécessairement des leaders conscients, et vice versa.

Enfin, si vous souhaitez nous apporter des témoignages, réflexions, participer d'une façon quelconque à cette aventure, si vous avez une idée quant à une collaboration générative, contactez-nous ! Nous en serions profondément heureux.

info@periceo.com
www.periceo.com

Postface

Au moment où nous apportons une touche finale à ce livre, nous réalisons à quel point ce parcours et cette rédaction collective nous ont apporté et transformés, à différents niveaux.

Pour nous deux, Elisabeth et Isabelle, et au-delà du leadership tournant qui a eu lieu au cours des différentes phases de ce projet, notre collaboration constitue en elle-même une expérience de leadership tournant et solidaire en action et de collaboration générative.

Nous ne nous connaissions pas avant la formation, avions peu échangé, sinon au sujet de notre passion* pour la diversité. Chacune s'était engagée à contribuer au projet PERICEO mais nous avions peu l'occasion de nous côtoyer, l'une habitant en région parisienne et l'autre dans le sud de la France. Et à priori, nous sommes très différentes !

Pour autant, lorsque le moment pour un nouveau leader est arrivé, nous avons eu chacune de notre côté l'envie de nous positionner. Mais ce rôle demandant une énergie et un investissement conséquents en plus de nos activités professionnelles, ni l'une ni l'autre ne se sentait de l'assumer seule et l'une comme l'autre avons immédiatement pressenti cette aventure à deux. C'est ainsi que nous nous sommes proposées comme co-pilotes.

Aujourd'hui, nous réalisons que la synergie n'est pas qu'un mot et avons le sentiment d'avoir grandi au cours de ce voyage, de nous être apporté mutuellement : c'est ce que nous souhaitons aussi partager avec vous.

Nous avons tout d'abord testé avec succès notre capacité à être solidaires et pragmatiques ensemble. Si l'une ne pouvait pas, l'autre était là. Aux moments critiques, de démotivation, ou de surcharge de travail, le fait de pouvoir appeler l'autre et en parler s'est avéré essentiel pour nous. Avoir une écoute, être comprise par l'autre, sans jugement, avec bienveillance a été source de force et nous a permis de persévérer. Y compris pour les rendez-vous manqués : se donner RDV tel jour à telle heure et annuler au dernier moment tout en se comprenant et non en en prenant ombrage. Ce qui nous a permis de continuer ? Une résonnance* très forte avec le sujet et une flexibilité dans la gestion et l'organisation à deux tout en gardant le cap vis-à-vis du groupe. Une confiance mutuelle et une certitude quant à nos capacités et à la bienveillance de l'autre.

Ensuite, oser parler de nos différences de fonctionnement pour en fin de compte en faire une force. Verbaliser ce qui aurait pu nous agacer à priori. Par exemple, l'une, avec la tendance à dire les choses de manière plus synthétique, en peu de mots – parfois trop peu peut-être. L'autre, avec une tendance à dire les choses de manière plus détaillée, donc à parler plus. Et au final capitaliser sur cela : *dans telle circonstance il vaut mieux que ce soit toi qui parles, et dans telle autre plutôt moi.* Ou, au cours d'une conférence, mixer les deux pour toucher plus de personnes.

Aussi, être en processus d'Intervision dès que nécessaire : *il se passe quelque-chose pour moi, là, j'ai besoin de toi, de parler, d'échanger : qu'en penses-tu ?* Savoir qu'avec bienveillance nous nous dirons néanmoins ce que nous avons à nous dire, que nous nous ferons le feedback que nous avons à nous faire. Nous avons en fait éprouvé notre authenticité.

Enfin nous avons appris à prendre en compte le « je » et le « nous » avec confiance… Point « d'ego » déplacé. Nous signions nos messages, comptes-rendus, de nos deux prénoms en tant que référentes, l'une comme l'autre étant en mesure de répondre aux éventuelles questions des autres membres du groupe. Lors de réunions avec l'ensemble du groupe, l'une de nous deux pouvait être absente, sans éprouver le besoin d'exister plus que l'autre. Lors d'ateliers ou conférences, chacune attentive aux besoins de l'autre et à valoriser l'autre. Point d'égocentrisme.

Aujourd'hui ? L'envie d'aller plus loin ensemble, d'utiliser cet outil, de former, de donner des conférences.

Ce qui nous a permis de garder le cap et de continuer est aussi directement lié à notre interaction avec ces deux belles personnes que sont Robert Dilts et Gilles Roy. Certes, et comme nous l'avons évoqué au début de cet ouvrage, nous avons en commun notre passion pour l'Intelligence Collective et notre engagement à explorer et expérimenter de nouveaux paradigmes socio-professionnels. Notre goût pour l'écriture nous relie également. Il a fallu néanmoins « orchestrer notre énergie, relever des défis, rebondir face à certaines difficultés… au final faire preuve d'endurance », ce qui met clairement là en évidence la part de leadership conscient dans tout travail collectif !

Nous avons déterminé des rendez-vous réguliers avec Robert et Gilles, ou de façon spontanée en cas de besoin. Leur supervision, leur bienveillance nous ont soutenues et accompagnées systématiquement. Pour ceux qui le côtoient, Robert incarne une qualité d'être qui fait grandir. Le fait de « marcher ses mots », trop rare dans ce monde à notre goût, nous a donné une grande force quant à ce que nous souhaitons incarner, et une détermination encore plus grande à persévérer. Être recommandées par lui nous touche profondément. Quant à Gilles, au-delà de sa générosité, il incarne un réalisme et un sens critique qui nous ont systématiquement permis d'avancer : pointer exactement ce qui a besoin d'être revu, amélioré, etc. Nous avons encore là éprouvé que « les personnes qui sont là sont les bonnes ! »

Un grand merci à vous deux.

Elisabeth Falcone et Isabelle Meiss – Mars 2018

Dilts Strategy Group et SFM™

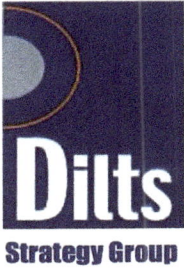

Le *Dilts Strategy Group* est une société de conseil, coaching et forma-tion avec un réseau international de consultants dans plus de 25 pays. Co-fondé par Robert B. Dilts et son frère Jonh Dilts, la finalité du Dilts Strategy Group (DSG) est de combiner des critères éprouvés dans les affaires avec des savoirs stratégiques et des compétences compor-tementales, par le procédé de Modélisation des Facteurs de Succès (SFM™), ce pour accompagner la croissance et le développement des individus et des organisations à de nombreux niveaux. Les services du DSG comprennent : la modélisation, la formation, le conseil, le coach-ing et l'animation de séminaires et conférences concernant l'applica-tion de SFM ™.

* **Vision :** *Un monde dans lequel les gens réalisent leurs aspi-rations et donnent le meilleur d'eux-mêmes pour produire un impact systémique positif par leur entreprise* – De plus en plus d'organisations, entreprises et projets qui favorisent la croissance et la maîtrise de ceux qui sont impliqués et créent une planète et une société plus saines, harmonieuses et prospères.

* **Mission :** *Découvrir et partager les « différences qui font la différence » dans la création et le développement d'entreprises qui réussissent* – Identifier et transmettre les facteurs clés de réussite nécessaires pour construire une entreprise, une équipe et un projet durables et couronnés de succès.

* **Ambition** : *Être reconnu mondialement comme pionnier et leader de l'approche holistique des affaires* – Une source de méthodes, modèles et outils qui influencent fortement et positivement la façon dont les équipes, les entreprises et les organisations sont gérées et dirigées à travers le monde.

* **Rôle** : *Un groupe international de consultants et coachs avec de l'expérience en PNL et en entreprise qui collaborent pour fournir des stratégies d'affaires efficaces et l'accompagnement adapté* – Un réseau de personnes avant-gardistes et entreprenantes qui travaillent ensemble pour aider les équipes, entreprises et organisations et se soutiennent mutuellement pour améliorer significativement leurs performances dans les domaines de l'entreprenariat, du leadership, de l'innovation, de l'intelligence collective et de la communication.

http ://www.diltsstrategygroup.com

Bases du « Success Factor Modeling » Modélisation des Facteurs de Succès (SFM™)

Success Factor Modeling™ (SFM™) ou la «Modélisation des Facteurs de Succès » a été développée par Robert et John DILTS : c'est une méthode qui permet d'identifier et de transférer les facteurs de réussite nécessaires pour promouvoir la croissance et l'impact des individus, des équipes et des organisations, et qui permet aussi de les aider à être préparés au mieux pour créer, reconnaître et saisir les opportunités quand elles se présentent. Par l'examen des entreprises, projets, et initiatives qui réussissent, et par l'observation des comportements des équipes et individus à haute performance, SFM™ permet aux personnes et aux organisations de quantifier et/ou qualifier les facteurs qui ont permis leur réussite et d'identifier les directions à prendre pour prolonger et étendre cette réussite à l'avenir. Ces facteurs peuvent ensuite devenir des ingrédients que l'on incorpore à l'activité quotidienne des équipes et individus, en identifiant et déployant les actions existantes qui sont déjà facteurs de réussite.

La Modélisation des Facteurs de Succès SFM™ est fondée sur une série de principes et de distinctions qui sont précisément destinés à analyser et identifier les schémas déterminants des *pratiques commerciales* et des *compétences comportementales* utilisées par les individus, les équipes et les entreprises qui réussissent. Le processus du SFM™ est utilisé pour identifier les facteurs indispensables à la réussite qui sont mis en œuvre par les entrepreneurs, les équipes et les dirigeants d'entreprises qui réussissent, pour ensuite définir des modèles, outils et compétences spécifiques qui peuvent être utilisés par d'autres pour accroître significativement leurs chances d'avoir de l'impact et de réussir.

La *modélisation des comportements* implique d'observer et de cartographier les processus mentaux et physiques déterminants qui sous-tendent un type particulier de performance exceptionnelle. Le but du processus de modélisation du comportement est d'identifier les éléments essentiels en matière de pensée et d'action que requiert un individu ou un groupe pour produire les réponses et résultats souhaités. Ce processus consiste à découper une performance ou une interaction complexe en unités simples qui peuvent être mémorisées/récapitulées d'une manière ou d'une autre. Le but de la modélisation du comportement est de créer une carte ou un « modèle » pragmatique de ce comportement, dont l'utilisation permet à toute personne motivée à le faire, de reproduire ou de simuler certains aspects de la performance en question. Cela implique donc de créer un étalon non seulement pour les pratiques commerciales, mais aussi pour les comportements et les idées. (Voir *La modélisation en PNL*, DILTS, R., 1998.)

La Modélisation des Facteurs de Succès peut être liée à l'identification des clés spécifiques nécessaires au déblocage de la porte de la réussite dans diverses situations de vie. Les circonstances de la vie se présentent à nous avec des portes menant à différents domaines de réussite. Les serrures de ces portes représentent les questions critiques et les contraintes contextuelles que nous devons prendre en compte pour atteindre notre objectif dans ces circonstances particulières. La "clé" d'un "blocage" particulier est représentée par la combinaison appropriée de comportements et de l'état d'esprit correspondant nécessaire pour aborder de façon efficace les problèmes et les contraintes présentes dans un certain contexte.

Une clé qui ouvre avec succès une porte, n'ouvrira pas nécessairement une autre porte, même si elle a parfaitement fonctionné pour la première porte. Ainsi, afin de répondre aux changements de contextes, un modèle efficace serait celui qui permettrait non seulement une description de la clé, mais qui proposerait aussi une description de la serrure correspondant à la clé.

L'objectif du processus SFM™ est donc de créer une carte instrumentale soutenue par une variété d'exercices, de formats et d'outils permettant aux individus d'appliquer les facteurs modélisés, afin d'atteindre les résultats clés au sein de leur contexte choisi. Pour ce faire, la SFM applique le modèle de base suivant :

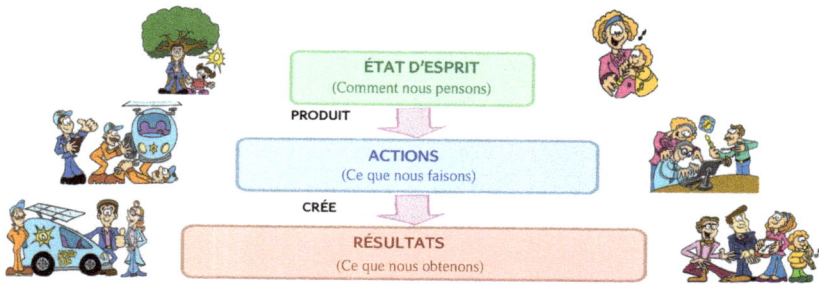

La Matrice de Base de la Modélisation des Facteurs de Succès

Notre état d'esprit, qui est composé de notre état interne, attitude et processus de pensée, produit des actions comportementales externes. C'est notre état d'esprit qui détermine ce que nous faisons et le type d'actions mis en œuvre dans un contexte donné. Ces actions, à leur tour, créent des résultats dans le monde extérieur qui nous entoure. La réalisation de résultats souhaités dans notre environnement nécessite donc un état d'esprit adapté, pour pouvoir produire les actions nécessaires et appropriées.

Les résultats souhaités constituent les serrures qu'un individu cherche à ouvrir de façon réussie. L'état d'esprit individuel et les actions forment la « clé » qui ouvrira une serrure spécifique. L'objectif du Success Factor Modeling™ est de trouver ses propres « clés », celles qui ouvriront les « serrures » nécessaires à l'atteinte des résultats souhaités.

Présentation des co-auteurs et de l'illustrateur

Robert DILTS est reconnu depuis la fin des années 1970 comme coach, formateur en compétences comportementales et consultant.

En tant qu'expert, Robert a apporté des développements majeurs dans le domaine de la Programmation Neuro-Linguistique (PNL), et dispensé du coaching, du conseil et de la formation à un large éventail de personnes et organisations à travers le monde.

Avec son frère John, Robert a été à l'avant-garde des principes et techniques de la Modélisation des Facteurs de Succès (SFMTM) ; il est l'auteur de nombreux ouvrages et articles sur leur application pour renforcer le leadership, la créativité, la communication et le développement des équipes.

Son livre *Leadership Visionnaire : outils et compétences pour réussir le changement par la PNL* est issu de l'étude approfondie de Robert sur les leaders de l'histoire et du monde de l'entreprise ; il présente les outils et compétences nécessaires pour « créer un monde auquel les gens veulent appartenir ». *Alpha Leadership : les 3 A : Anticiper, Aligner, Agir* (avec Ann Deering et Julian Russell) reprend et partage les pratiques les plus récentes du leadership efficace, proposant des approches pour réduire le stress et développer la satisfaction. *Être coach, de la performance à l'éveil* propose une feuille de route et un ensemble d'outils aux coachs pour leur permettre d'aider leurs clients à atteindre des objectifs à différents niveaux d'apprentissage et de changement. *Le voyage du Héros : un éveil à soi même* (avec Stephen Gilligan) concerne la façon de se reconnecter à ses aspirations les plus profondes, de transformer ses croyances limitantes et ses habitudes, et améliorer le regard sur soi.

Parmi ses clients et sponsors, on compte Apple Computer, Microsoft, Hewlett-Packard, IBM, Lucasfilms Ltd. et la Compagnie Nationale des Chemins de Fer Italiens. Il a donné de nombreuses conférences sur le coaching, le leadership, l'innovation, l'intelligence collective, l'apprentissage organisationnel et le management du changement, et réalisé des présentations et des discours pour l'International Federation of Coaching (ICF), HEC, Paris, Les Nations Unies, l'Organisation Mondiale de la santé, Harvard University et l'International University of Monaco. En 1997 et 1998, Robert a supervisé la conception de Tools For Living, la partie sur la gestion des comportements du programme utilisé par Weight Watcher's International.

Robert a été professeur associé de l'ISVOR Fiat School of Management pendant plus de 15 ans, aidant à développer des programmes sur le leadership, l'innovation, les valeurs et la pensée systémique. De 2001 à 2004, il a occupé les fonctions de directeur scientifique et président du conseil d'administration de ISVOR DILTS Leadership Systems, une joint-venture avec ISVOR Fiat (l'ancienne université d'entreprise du groupe Fiat) qui proposait un large éventail de programmes de développement global du leadership innovant à de grandes entreprises.

Co-fondateur du Dilts Strategy Group, Robert a également fondé et dirigé Behavioral Engineering, une entreprise qui développait des logiciels et des accessoires informatiques pour le changement comportemental. Robert est diplômé en technologie comportementale (Behavioral Technology) de l'University of California à Santa Cruz.

Elisabeth FALCONE est formatrice, consultante, coach et facilitatrice.

Sa passion : créer des ponts entre les individus et entre les peuples.

Sa mission : aider les collectifs et les individus à accéder au meilleur d'eux-mêmes, à booster leurs performances et à réaliser leur appel.

Elisabeth a démarré sa carrière en tant que contrôleur de gestion dans des groupes nationaux et internationaux, ce qui lui a permis d'appréhender le fonctionnement global des organisations et les différents leviers et freins en présence.

Passionnée depuis toujours par les sciences humaines et sociales et par les neurosciences, elle évolue très tôt dans des secteurs à diversité marquée – interculturel, parité, équité générationnelle, handicap. Persuadée que la principale richesse et la plus grande fragilité de toute organisation est son capital humain, elle a créé la structure La Différence-RH, en réponse à un besoin émergent dans nos sociétés : l'épanouissement de chacun pour le bonheur et le bénéfice de tous.

Cette structure, basée dans le sud de la France, s'est donné comme mission de rénover l'esprit d'entreprise, que le profit devienne un moyen de contribuer au progrès d'une société plus Humaine, porteuse de Paix et respectueuse des biens communs.

Comment ?

En accompagnant les individus et les organisations sur des thématiques liées à :

* L'Intelligence Collective.

* La Diversité.

* Le Leadership Conscient.

* Le développement personnel.

* Le Bonheur au Travail.

Par des actions de formation, coaching, facilitation ou consulting.

Elisabeth est également auteure, conférencière et travaille en mode collaboratif avec différents partenaires partageant la même vision et le même engagement, dont le Dilts Strategy Group et Vision 2021, dont elle est co-fondatrice.

Elle est partenaire agréée par le Dilts Strategy Group en France.

Sa formation :

* Coach – Membre Associé Société Française de Coaching.

* Master et enseignante PNL – Society of NLP.

* Certifiée en Intelligence Collective (SFM2) et Leadership Conscient (SFM3) par Robert Dilts – Membre du Dilts Strategy Group.

* Certifiée en Generative Consulting – I.A.G.C.

Pour la contacter :

www.elisabethfalcone.com

www.ladifferencerh.com

+ 33(0)6.75.20.62.83

Isabelle MEISS est consultante, coach et facilitatrice.

Sa passion : la danse relationnelle

Sa mission : contribuer au développement et à l'expression des capacités relationnelles professionnelles et personnelles pour créer des collaborations fructueuses qui fassent sens pour les personnes et les organisations.

Elle a contribué pendant plus de 25 ans, en entreprise et en agence, à fluidifier la circulation de l'information dans la communication B to B (secteurs : NTIC, Audit et Conseil, RH, droit des affaires, BTP). Notamment en tant que Manager France "Leadership Communications" (EMC – désormais Dell-EMC) et consultante senior, elle a conduit en équipe des projets de communication stratégiques en lien avec les différents cycles de vie de l'entreprise, accompagné et formé des porte-parole de l'entreprise aux relations avec la presse.

Riche de ces expériences apprenantes et de ses formations, elle œuvre aujourd'hui au service d'un mieux-être et mieux travailler ensemble. Elle coache depuis 2006 et accompagne depuis 2010 des personnes, équipes et organisations de profils et d'univers différents dans la gestion du changement, dans leurs communications et leur posture relationnelle :

* Coaching individuel et collectif d'experts, de managers, de dirigeants de startups, d'équipes, de formateurs et de jeunes diplômés.

* Facilitation de groupes et d'équipes pour accompagner le changement.

* Formations actions développement des compétences relationnelles.

* Appui dans la conduite de projets de communication et relations presse.

Enfin, traductrice depuis son entrée dans la vie professionnelle, elle traduit en collaboration avec une consœur la série d'ouvrages de Robert Dilts sur la modélisation des facteurs de succès (SFM™) : Entrepreneurs Nouvelle Génération, Collaboration Générative, Leadership Conscient et Résilience.

La vie en soi est pour Isabelle une école d'apprentissage, de capacitation et d'évolution. L'innovation et les relations humaines l'animent tout comme le plaisir de la découverte renouvelée de l'autre lors de rencontres. Convaincue que les individus peuvent s'enrichir de leurs différences et de leurs interactions, elle contribue à créer des ponts en valorisant l'expression du meilleur de chacun dans des contextes d'évolutions et de transformations.

Elle travaille sur un mode collaboratif avec des partenaires et sponsors complémentaires rencontrés sur son chemin dont le Dilts Strategy Group ; Ambroise Conseil, l'agence d'accompagnement et de conseil spécialisée dans la valorisation de l'innovation et des hommes (www.ambroiseconseil.com); Mozaïk RH, le premier cabinet de recrutement et de conseil en ressources humaines spécialisé dans la promotion de la diversité (www.mozaïkrh.com); Mute & Sens, l'écosystème d'experts pluridisciplinaires au service de la transition (www.muteetsens.org). Elle est également coach auprès des startups pour l'agence EASME de l'Union Européenne (www.ec.europa.eu/easme/en), membre actif de Vision 2021 et de Com'unique l'authenticité, une association qui diffuse depuis 1996 des approches facilitant la connaissance et l'expression de soi dans la relation à l'autre en s'appuyant notamment sur la Communication NonViolente (www.com-unique.org).

Sa formation

* Certifiée facilitatrice en intelligence collective et collaboration générative par Robert Dilts (2014), coach Career Change Check® par Promove TM (2012), coach de jeunes par Elevatic (2010), au métier de coach et accompagnement professionnel, Maître Praticien PNL par Formation Evolution et Synergie/Society of NLP (2003/2005).

* Formée au métier de formateur (Demos, 2011), au bilan de compétence (Ambroise Conseil, 2012), à la systémique des organisations en changement avec Henry Roux de Bézieux (2007), au conseil en communication & relations humaines (cycle pluridisciplinaire AC& Associés, 1991-1995).

* Praticienne formée aux techniques de Communication NonViolente (CNV) depuis 2003.

* Maîtrise LEA Anglais –Espagnol Faculté Lettres et Sciences Humaines Besançon (1986).

* Danse depuis son enfance - Qi Gong depuis 2002 - Grande randonnée depuis 2010

Pour la contacter :

www.ambroiseconseil.com

www.linkedin.com/n/isabelle-meiss-8599362

+33(0)6.17.50.50.64

Gilles Roy est formateur et consultant RH depuis trente ans dans le sud de la France.

Familiarisé avec la culture anglo-saxonne (deux ans aux USA, de très nombreux séjours en Angleterre) il s'est spécialisé dans la formation et l'accompagnement des dirigeants et des équipes dirigeantes avec une ouverture au leadership systémique et aux principes de l'Intelligence Collective.

Il a été maire d'une petite commune rurale (sensibilité écologique) et a contribué à incarner un changement sociétal en Haute Provence (agriculture bio, rénovation écologique des bâtiments communaux, réouverture de l'école et pédagogie alternative, développement de l'artisanat, réflexion systémique sur le foncier, gouvernance partagée etc.)

Il est basé depuis vingt-cinq ans à Avignon où il a créé deux sociétés avec Marie-Paule Rous, « Formation Évolution et Synergie », un organisme de formation en PNL, Hypnose Ericksonienne, Coaching, Intelligence Collective, Thérapies Brèves etc. et « Rous et Roy Consulting » une plateforme de consultants.

En partenariat avec Robert et Deborah Dilts, il a développé dès 2009 les premiers parcours de formation à l'Intelligence Collective. Il est l'un des fondateurs de l'association VISION 2021 et en a été le premier président (2014-2017).

Influencé par ses collègues américains, Gilles Roy a commencé à faire du coaching dès la fin des années 80, alors que le concept n'existait pas encore en France.

Il s'est formé au coaching et à la PNL aux USA et en Angleterre au début des années 90, et il est devenu Master Trainer certifié par INLPTA (Wyatt Woodsmall) et par Society of NLP (Christina Hall). Il s'est également formé à la Neuro-Sémantique et au Méta-Coaching avec ISNS (Michael Hall).

Depuis 1996, il propose chaque année en Provence et en Suisse plusieurs cycles de formations en Coaching et il a formé plusieurs centaines de personnes à ce métier.

Également formé à la psychologie Trans personnelle et à la psychothérapie, il a exercé en tant que psychothérapeute et superviseur de psychothérapeutes. Il est titulaire du CEP (Certificat Européen de Psychothérapeute).

Il est également diplômé en Intelligence Collective, après avoir suivi un DU à l'Université de Cergy Pontoise.

En contact permanent avec le monde anglo-saxon, Gilles Roy a adhéré à ICF dès 1997. Il a co-animé une antenne d'ICF à Avignon entre 2003 et 2005. Il a été aussi membre associé de la Société Française de Coaching de 1997 à 2017.

Gilles est passé naturellement de la supervision de psychothérapeute à la supervision de coach dès 2002.

Lui-même régulièrement supervisé depuis 1998, il a expérimenté différentes formes et différents styles.

Il est actuellement supervisé par Marianne CRAIG (MCC, membre ICF Angleterre).

Il a suivi à Londres un cycle de formation à la supervision de coach avec l'institut CSA (Coaching Supervision Academy) et il a obtenu sa certification en juin 2010. Cette formation est accréditée par ICF et EMCC. Il fait maintenant partie du staff de CSA en tant que tuteur, formateur et Course Director. Il organise depuis 2012 des formations de superviseur de coach CSA en France.

Il a été membre de AOCS (Association of Coaches Supervisors) basée en Angleterre et fait partie du Conseil Administratif de Professional Supervisors Federation (PSF) basée en France.

Articles et parutions

Gilles Roy a écrit deux ouvrages (publiés à compte d'auteur)

* Toi Puissance Trois (1995)

* Le Tao du Coaching (1998)

Pour le contacter :

gilles.roy2@orange.fr

Antonio Meza est un alchimiste de l'imaginaire collectif. Dès son plus jeune âge au Mexique, il est fasciné par la mythologie, les symboles et tout ce qui crée des liens entre les personnes les plus diverses.

Dessinateur né, et raconteur par passion, il se forme dans les arts plastiques, et le cinéma, mais aussi dans les techniques de la communication des organisations.

A Paris, il se forme aux techniques d'accompagnement des personnes (coaching et formation). Il exerce depuis 2008 en tant que consultant, formateur, facilitateur et coach. Il a animé plus de 250 ateliers dans la communication inter-culturelle, la prise des décisions, l'intelligence émotionnelle, la collaboration générative, ainsi que les techniques de storytelling et la facilitation graphique.

En tant que orateur, en 2015 il obtient le premier prix du concurs international de prise de parole en public de Toastmasters International au niveau Européen et il est invité délivrer son discours "Le Miroir" dans la conférence TEDx Clermont-Ferrand.

Antonio utilise aussi ses capacités d'artiste illustrateur pour offrir la facilitation graphique auprès des séminaires, conférences et sessions de brainstorming pour des entreprises telles que Sanofi, Thales, Adidas et Louis Vuitton.

En tant que dessinateur, Antonio à illustré 6 ouvrages dont "*Next Generation Entrepreneurs*" (Robert Dilts, 2015) et "*Les vrais secrets de la communication*" (Béatrice Arnaud, 2015); mais il réalise aussi des vidéos animés pour expliquer des idées complexes avec un language simple et humoristique.

Antonio parle couramment et travaille en Français, Anglais et Espagnol. Il peut converser en Italien et commander une bière en Allemand. Il habite à Issy les Moulineaux en région Parisienne avec sa femme Susanne et ses chats Ronia et Atreju.

Pour le contacter:
www.antoons.net
hola@antoons.net
Instagram et twitter: @antonsparis

Annexe 2

Présentation de Formation Evolution et Synergie (FES)

FES est un organisme de formation professionnelle au service des personnes et des entreprises depuis 1990. Ses axes de transmission sont la PNL, le coaching, l'Intelligence Collective, l'Hypnose Ericksonienne, la Thérapie Brève etc.

ACTION

Nous aidons nos clients, au travers de consultations, de formations et d'accompagnements sur le terrain, à relever les défis suivants :

* Acquérir d'excellentes compétences en communication.

* Savoir accompagner les défis du changement et les crises d'identité,

* Définir et atteindre leurs objectifs,

* Évaluer et optimiser leurs potentiels,

* Réussir ce qu'ils entreprennent,

* Reconnaître et mettre en œuvre leur "mission de vie".

VISION

Notre vision est de construire des ponts entre le présent et le futur qui permettent aux êtres humains de trouver un sens, de donner du sens et d'éveiller l'essence.

Cette perspective humaniste postule que le développement personnel et l'efficacité professionnelle sont complémentaires et réciproquement stimulantes : nous sommes créateurs de notre vie.

MISSION

* Proposer des outils de communication efficaces,

* Offrir une pédagogie du changement innovante,

* Contribuer à établir des relations gagnant-gagnant,

* Permettre l'émergence d'entreprises et de sociétés plus humaines,

* Réussir en aidant les autres à réussir.

POINTS FORTS

1. Un enseignement et une pratique sans cesse réactualisés

Bien que déjà considérés comme faisant partie des meilleurs spécialistes dans notre branche, nous continuons à nous former et à faire parties d'équipes de recherche. Nous testons constamment de nouvelles approches afin d'offrir le plus haut niveau de qualité et de service.

2. Une disponibilité réelle

Notre secrétariat et notre organisation personnelle nous permettent d'être joignables et disponibles.

Nous suivons personnellement la progression de nos stagiaires et clients, non seulement pendant le temps de formation ou d'intervention, mais également entre les sessions et même au-delà pour ceux qui le souhaitent.

3. Des formations et des interventions sur mesure

Selon vos besoins, que vous soyez une personne isolée, une équipe ou une entreprise de plusieurs centaines de personnes, nous pouvons vous proposer des formations ou des interventions sur mesure, dont nous définissons ensemble le contenu, la forme, le coût et la durée.

4. Une synergie et des certifications internationales

Nous travaillons en réseau avec tous les pays francophones (Belgique, Suisse, Maghreb etc.) mais aussi en Angleterre et aux USA. Nous invitons régulièrement les plus grands formateurs, consultants, psychothérapeutes etc. en relation avec les disciplines que nous enseignons.

Les certifications en PNL, en Coaching et en Hypnose que nous délivrons sont validées par Society of NLP et l'association NLPN.

e-mail : formationevolutionetsynergie@wanadoo.fr
site web : www.coaching-pnl.com

Présentation de VISION 2021 : L'Intelligence Collective en Action

L'association loi 1901 Vision 2021 a pour objet d'explorer et de diffuser les pratiques collaboratives en Intelligence Collective pour un développement social harmonieux des sociétés humaines.

Composée d'une centaine de membres, professionnels de l'accompagnement mais aussi managers, fonctionnaires, chefs d'entreprises etc. Vision 2021 promeut l'Intelligence Collective comme un des moyens d'améliorer concrètement le fonctionnement des équipes, des groupes, des entreprises et des organisations.

L'association rassemble des personnes pragmatiques et de bonne volonté, animées par une vision positive de l'avenir.

La plupart des membres actifs de l'association ont des activités professionnelles de diffusion de l'Intelligence Collective sous des formes différentes (prestations de conseil, accompagnements d'équipes, formations et conférences, livres, jeux…). Ils sont à l'origine de nombreuses initiatives complémentaires aux activités de l'association.

Réalisations concrètes

* Un Congrès annuel. Celui de 2016 a rassemblé 330 participants et celui de 2017 près de 500.

* Une Université d'Été annuelle (fin août).

* Des articles dans les deux Livres Blancs sur l'Intelligence Collective publiés par les éditions Colligence (2014 et 2015).

* Une Newsletter (pour nos membres).

* Un suivi et une coordination des groupes de travail et de recherche.

Projets

* Un grand Congrès Mondial en France en 2021.

* Publication d'un Livre Blanc spécifique Vision 2021.

* Séminaires de partage d'expériences.

* Création d'un lieu d'accueil et de recherche en Provence.

* Recherche de sponsors et de partenaires pour financer et structurer nos projets.

* Développement d'antennes (Lyon, Paris, la Réunion etc.) et à l'international.

Groupes de travail

De façon non exhaustive et à ce jour :

* **PERICEO** : groupe de modélisation des caractéristiques de déploiement de l'Intelligence Collective, à partir d'interviews de managers et de leaders.

* **ICI 3D** : groupe de recherche visant la mise au point d'un logiciel d'analyse du fonctionnement des organisations en Intelligence Collective.

* **IC et CONSCIENCE** : groupes de recherche sur le thème du lien entre les spiritualités et l'Intelligence Collective.

* **IC LAB** : groupe à vocation locale de recherche et d'expérimentation de l'Intelligence Collective. Le premier est basé sur Avignon, le projet est d'essaimer partout où des bonnes volontés se manifestent.

* **GRANDIR et ADVENIR EN IC** : groupe de travail sur l'éducation en Intelligence Collective.

Autres initiatives

L'association Vision 2021 choisit de promouvoir des actions ou des projets qui vont dans le sens de sa mission, comme par exemple :

* Danse des 5 Rythmes pour mettre l'Intelligence Collective en mouvement, avec Deborah Bacon Dilts.

* U for Youth, un travail sur les enseignements d'Otto Scharmer pour les enfants, les adolescents et les parents, avec Mia Boutemy.

* **La VISION** : contribuer à l'émergence d'un monde plus harmonieux auquel chacun a envie d'appartenir.

* La MISSION : expérimenter et diffuser la puissance de la collaboration générative et mettre l'Intelligence Collective en action.

* L'AMBITION : devenir des ambassadeurs et des acteurs de référence de l'Intelligence Collective.

* Le RÔLE : être une équipe inspirante de transformateurs au service du déploiement de l'Intelligence Collective dans le monde.

Nous essayons d'exprimer au mieux ce que nous prônons en fonctionnant de manière très collégiale, en nous appuyant sur un conseil d'administration qui se réunit tous les mois et pratique les « réunions déléguées », où la facilitation et les fonctions sont prises à tour de rôle par chaque membre du conseil d'administration.

Chaque année, des équipes projets spécifiques se constituent pour organiser les évènements majeurs tels que les Congrès et les Universités d'été. Elles fonctionnent de manière autonome et informent le conseil d'administration de leurs avancées. De plus, tous les membres de l'association peuvent apporter leur contribution et prendre de réelles initiatives.

COMMENT EN SAVOIR PLUS OU REJOINDRE L'ASSOCIATION ?

Pour en savoir plus ou pour adhérer :

E-mail : contact@vision-2021.com

Site internet : www.vision-2021.com

Charte et code éthique pour le projet PERICEO

Étude « Comment les équipes et les organisations performantes génèrent et utilisent l'Intelligence Collective ».

Quel est le propos de l'étude ?

La récente crise économique mondiale a forcé les équipes et les organisations à modifier leur manière de fonctionner pour pouvoir faire plus avec moins de ressources. Le propos de cette étude est de prendre la mesure sur le terrain des dernières tendances et des idées trouvées par les équipes et les organisations pour augmenter l'Intelligence Collective afin d'aborder les défis et d'exploiter au mieux les opportunités dans le contexte économique actuel. Les informations recueillies durant cette étude permettront de savoir comment augmenter la productivité, la rentabilité et la satisfaction. Les tendances prépondérantes qui se dégageront seront reprises dans des articles qui seront publiés dans une sélection de revues spécialisées dans le monde des affaires et des innovations.

Qu'est-ce que le Dilts Strategy Group (DSG) ?

Le Dilts Strategy Group est un réseau de consultants spécialisés dans le conseil et le développement des services aux entreprises dans le monde entier. À travers ses prestations, le DSG aide ses clients à saisir de nouvelles opportunités en identifiant leurs forces et leurs axes de progression. Le DSG propose de la formation, du coaching et du consulting aussi bien aux PME qu'aux multinationales.

Robert Dilts, le fondateur du Dilts Strategy Group et l'un des principaux auteurs de cette étude, possède une vaste expérience dans la modélisation de l'excellence. Il a développé les principes et les techniques de la modélisation des facteurs de succès (Success Factors Modeling) qui formeront la base de son prochain livre. Il est l'auteur de plus d'une vingtaine d'ouvrages concernant la façon dont ces principes et techniques peuvent être utilisés pour améliorer le leadership, la créativité, la communication et le développement des équipes. Parmi ses nombreux ouvrages, on compte « Leadership Visionnaire », « Le Leadership Alpha », « Être Coach : de la recherche de la performance à l'éveil »,

« Skills for the Future », « Strategy of Genius ». Au cours de ces dix dernières années, Robert Dilts a étudié et enseigné les principes et méthodes de l'Intelligence Collective et des collaborations génératives en effectuant des prestations et des recherches auprès de grandes entreprises telles que Apple, IBM, Google, Lucasfilms et Disney.

Qu'est-ce que nous entendons par Intelligence Collective ?

Collaborer avec les autres au sein des groupes ou des équipes prend une part de plus en plus importante dans la réussite des entreprises modernes. Le fonctionnement des groupes et des équipes à haute performance se caractérise par la mise en œuvre de *l'Intelligence Collective*, un phénomène qui accroît considérablement l'efficacité et la créativité. On définit l'intelligence par *l'aptitude à interagir avec son environnement avec succès, particulièrement face aux défis ou dans les situations de changement*. On parle d'Intelligence Collective quand une intelligence partagée - ou intelligence de groupe - émerge de la collaboration et de la communication entre les différents individus d'un groupe ou d'autres systèmes en interaction.

Plus explicitement, l'Intelligence Collective concerne l'aptitude des membres d'une équipe ou d'un groupe à partager le savoir, à penser et à agir de façon coordonnée pour atteindre leurs buts. Dans les organisations, cela implique la manière dont les personnes coopèrent pour atteindre leurs objectifs en échangeant informations, savoir-faire et expériences. Cette mise en commun des compétences et des savoir-faire individuels sert aussi de tremplin à partir duquel se développent aptitudes nouvelles et idées novatrices. Au final, un des bénéfices majeurs de l'utilisation de l'Intelligence Collective est la croissance plus rapide des membres du groupe et l'amélioration de leur capacité à résoudre les problèmes de l'organisation de façon créative à travers un accès sans cesse croissant au savoir et à l'expertise.

Les principes de l'étude

Le Dilts Strategy Group contactera un certain nombre d'équipes et d'entreprises pour participer à des entretiens et différentes interventions pour des durées allant d'une heure à plusieurs jours. Ces équipes et ces entreprises seront sélectionnées sur la base de leur réputation et de leur leadership.

Sujets abordés :

* Quels sont les challenges et les opportunités auxquels les entreprises ou les équipes font face couramment ?

* Comment les entreprises ou les équipes définissent-elles l'intelligence collective ?

* Comment envisagent-elles et valorisent-elles l'Intelligence Collective en tant qu'éléments-clés du succès dans l'environnement des affaires aujourd'hui ?

* Comment modifient-elles leurs stratégies de business et leurs pratiques du management pour encourager et développer l'Intelligence Collective ?

* Quelles étapes spécifiques ont-elles employées pour soutenir l'Intelligence Collective à un niveau pratique ?

Bénéfices pour les équipes et les entreprises participantes :

* Les participants recevront un feedback direct, confidentiel et personnel sur leurs points forts en Intelligence Collective tels qu'ils se seront révélés par rapport aux autres équipes et organisations étudiées.

* Ils recevront un feedback direct sur les idées et tendances significatives qui auront été développées par les autres équipes et organisations dans des situations similaires.

* Ils auront la possibilité d'interagir avec des consultants chevronnés dans les domaines du leadership, de l'innovation et du développement.

* Ils recevront les résultats de l'enquête avant publication.

L'éthique

Les consultants du réseau Dilts Strategy Group s'engagent à respecter les règles suivantes :

* Mettre les personnes et équipes des entreprises participant à l'étude au centre du dispositif.

* Travailler à partir du questionnaire unique défini par les membres du projet PERICEO ;

* Respecter le libre choix des participants à l'enquête ;

* Garantir la confidentialité des informations recueillies lors de l'enquête ;

* Assurer une bonne transmission des données dans l'équipe du projet PERICEO ;

* S'engager à participer aux réunions organisées ;

* S'impliquer dans les actions mises en œuvre par le collectif ;

* De manière générale les consultants intervenants de l'étude se sont engagés à respecter les principes de la charte d'intervention en Intelligence Collective que vous trouverez ci-jointe.

Règles de confidentialité

Plus précisément, les informations recueillies dans l'étude seront traitées confidentiellement selon les règles suivantes :

* Le contenu des entretiens sera strictement confidentiel et sera exclusivement partagé au sein du groupe d'étude du Dilts Strategy Group uniquement à des fins d'analyse.

* Chaque participant recevra un feedback direct, confidentiel et personnel des points forts qui auront été décelés par rapport aux autres équipes et organisations. Ce feedback restera privé et confidentiel.

* Les informations publiées sous forme de publications ou d'articles de presse seront des synthèses des tendances observées dans un nombre significatif d'entretiens. Aucune mention de conclusions propres à une société ou un département de cette société ne sera publiée, à moins qu'un accord spécifique n'ait été conclu à la fois avec la société et le département en question.

* Dans ce cas, la société ou le département reste maître du texte, dans le sens où rien ne sera publié avant obtention de son accord formel sur le texte. La société ou le département exerce donc librement un droit de regard total sur le contenu du témoignage.

Code éthique d'intervention en Intelligence Collective

Pour les consultants impliqués dans PERICEO

Titre 1 : Devoirs des consultants

Art.1.1 : Intervention

Les consultants s'autorisent en conscience à intervenir à partir de leur formation, de leur expérience, de leur supervision ou intervision et de leurs partages de pratiques.

Art.1.2 : Confidentialité

Les consultants s'astreignent au secret professionnel.

Art.1.3 : Supervision

Les consultants disposent d'un lieu de supervision et y recourent à chaque fois que la situation l'exige.

Art.1.4 : Respect des personnes

Conscients de leur position, les consultants s'interdisent tout abus d'influence.

Art.1.5 : Obligation de moyens

Les consultants mettent en œuvre tous les moyens propres à leur permettre de mener à bien leur mission, y compris en ayant recours, si besoin est, à d'autres confrères.

Titre 2 : Devoirs des consultants vis à vis des interviewés

Art. 2.1 : Lieu des interviewés

Les consultants se doivent d'être attentifs à la signification et aux effets du lieu des interviewés.

Art. 2.2 : Responsabilité

Les consultants laissent toute la responsabilité de leurs positions et de leurs décisions aux interviewés.

Art. 2.3 : Demande formulée

Les consultants s'assurent de l'adéquation entre leur démarche, les attentes ou enjeux exprimés par les interviewés ou leur organisation.

Art. 2.4 : Protection de la personne

Les consultants adaptent leur démarche dans le respect des interviewés.

Titre 3 : Devoirs des consultants vis à vis de l'organisation

Art. 3.1 : Protection des organisations

Les consultants sont attentifs au métier, aux usages, à la culture, au contexte et aux contraintes de l'organisation qui les invite.

Art. 3.2 : Restitution

Les consultants ne rendent compte du déroulement de leur mission qu'à leur superviseur du projet PERICEO.

Titre 4 : Devoirs des consultants vis à vis de leurs confrères

Art. 4.1 : Obligation de réserve

Les consultants se tiennent dans une attitude de réserve vis-à-vis de leurs confrères.

Questions pour les interviews PERICEO

1) La Vision

Vision fait référence au regard que les gens portent sur le système plus vaste dont ils font partie. Elle fournit la direction générale de l'équipe et définit la finalité de ses interactions (*pour qui ou pour quoi* telle ou telle action ou direction a-t-elle été entreprise ?).

* Quelle était la vision ? Comment a-t-elle été communiquée ? Et maintenant ?

* Dans quelle mesure cette vision est-elle déterminante pour la mise en œuvre de l'IC ?

* En quoi la mise en œuvre de l'IC impacte-t-elle la vision ?

2) Le sens de l'Identité

L'identité est en lien avec le sens qu'ont les gens de leur rôle et de leur mission. Ces facteurs sont liés à *qui* nous sommes ou percevons être.

* Comment décririez-vous l'identité et la mission de l'équipe, avant la mise en œuvre de l'IC et après ?

* En quoi « qui vous êtes collectivement » est-il déterminant en termes d'IC ?

* Quel serait l'image, le symbole ou la métaphore qui correspondrait le mieux à l'identité de l'équipe et à sa mission ?

3) Valeurs et Croyances

Valeurs et croyances renforcent ou inhibent les capacités ou les actions spécifiques. Elles sont reliées aux raisons (*question pourquoi*) qui font qu'on prend un certain chemin et aux motivations plus profondes qui conduisent les gens à agir ou à persévérer. Les valeurs et les croyances qui les soutiennent déterminent comment on donne du sens ou on interprète des évènements ou des messages particuliers. Elles sont les facteurs clés de la motivation et de la culture.

* Quelles sont les valeurs présentes en lien avec l'IC et en quoi sont-elles déterminantes (fournir un référentiel de valeurs si besoin) ?

* Quelles sont les croyances qui soutiennent et motivent les membres de l'équipe lorsqu'il s'agit de développer et d'appliquer l'IC ?

4) Compétences centrales et Capacités

Les capacités sont en lien avec les cartes mentales, les plans et les stratégies qui permettent la mise en œuvre de l'IC. Elles dirigent *comment* les actions sont choisies et menées à bien.

* Quelles sont les compétences et les capacités spécifiques de l'équipe (leadership, communication, résolution de conflit etc.) pour mettre en œuvre l'IC ?

* Comment ces compétences sont-elles transmises/enseignées ?

* Quelles sont les stratégies comportementales déterminantes quant à la mise en œuvre de l'Intelligence Collective ?

5) Actions et Comportements spécifiques

Les facteurs comportementaux sont les actions spécifiques entreprises pour atteindre le succès. Ils impliquent ce qui doit spécifiquement être fait ou accompli pour réussir. Cela répond à la question quoi.

* Quels ont été et sont les actions les plus importantes en termes d'Intelligence Collective ?

* Quels comportements, quelles émotions ont été et sont déterminants en termes de mise en œuvre de l'Intelligence Collective ?

6) Opportunités et influences de l'Environnement

Les facteurs liés à l'environnement déterminent les opportunités ou les contraintes externes : *où et quand* l'Intelligence Collective se produit.

* Quels ont été et sont les facteurs (liés à l'environnement) les plus significatifs en termes d'Intelligence Collective ?

* Parmi ces facteurs, quels sont ceux qui ont constitué et constituent une contrainte ?

* Quels sont ceux qui ont constitué et constituent une opportunité et se sont avérés déterminants ?

Robert DILTS, novembre 2013, revu et augmenté par le groupe PERICEO, février 2014.

Programme de formation PERICEO

PERICEO : L'outil

Équipes et organisations, deux jours pour apprendre à poser un diagnostic et développer vos capacités d'Intelligence Collective

Objectifs de la formation

* Poser un diagnostic sur le niveau d'intelligence collective dans une organisation.

* Optimiser les prises de conscience et les fonctionnements individuels et collectifs.

* Comprendre et maîtriser l'outil.

* Appréhender les modèles et la « philosophie » sous-jacents : niveaux logiques - modélisation - facteurs clefs - grilles d'évaluation.

* Se sensibiliser aux différents types d'écoute, de questionnement, au méta-modèle du langage et aux positions de perception : « La carte n'est pas le territoire »…

Méthode pédagogique

* Méthode essentiellement pragmatique et constructive.

* Apports conceptuels du formateur.

* Réalisation d'une étude de cas : les participants sont invités à mettre en application les données reçues en formation au sein d'une entreprise, d'une collectivité, d'une association ou d'un groupe de leur choix.

* Ateliers de modélisation.

* Supervision.

* Auto bilan des participants.

* Support pédagogique – Lexique – Remise des trames de l'outil.

Public concerné

  * Dirigeants, managers et collaborateurs souhaitant favoriser le développement de l'Intelligence Collective au sein de leur équipe ou de leur organisation et disposer d'un outil de diagnostic simple et performant.

Modalités

  * **2 jours** au cours duquel nous vous aiderons à **effectuer un diagnostic de votre organisation** en fonction des apports effectués lors de la formation – Supervision.

Tarif

  * Nous consulter ou nous adresser un e-mail:
    info@periceo.com

Premier jour - Connaître les modèles sous-jacents

  * Se familiariser avec la philosophie de la PNL et des modèles sous-jacents :

    - Quelques principes fondamentaux.

    - La pyramide de Dilts : présentation, fonctionnement et alignement des niveaux logiques.

    - Clarification des notions de finalité – identité – valeurs & croyances – capacités – comportements – environnement.

    - La modélisation – Les facteurs clefs.

    - Les grilles d'évaluation.

  * Vision – Mission – Ambition – Rôle : pour un individu, un groupe, une organisation.

Deuxième jour - Compréhension et utilisation de l'outil

* Comprendre le processus qui a amené à l'élaboration de l'outil : en recherche et mouvement permanents.

* Présentation des facteurs clefs par niveau.

* Importance de la verbalisation.

* Mise en application sur un cas concret : mener l'interview – remplissage des grilles feedback – restitution – sens et analyse.

Plan d'action et ressources personnelles

* Et maintenant ?

* Mise en place d'un plan d'action personnel par chaque stagiaire suite à ses apprentissages et prise de conscience.

* Les suites possibles pour l'organisation.

Pour nous contacter,

email : info@periceo.com

téléphone:

* Elisabeth Falcone + 33 (0)6 75 20 62 83

* Isabelle Meiss + 33 (0)6 17 50 50 64

Bibliographie

* Aurégan, P., Joffre, P., Loilier, T., & Tellier, A., *Exploration prospective et management stratégique : vers une approche projet de la stratégie*. Management & Avenir, 2008.

* Bateson, G., *Vers une écologie de l'esprit. Tome 1*. Paris: Seuil, 1976.

* Beck & Cowan, *Spiral Dynamics: mastering values leadership and change*. US: Wiley and Blackwell publisher, 1995.

* Berry T. & Swimme B., *The universe story*. San Francisco: Harper, 1992.

* Brown, J., *The world café: shaping our futures through conversations that matter*. San Francisco: Berrett-Koehler publishers, 2005.

* Chapelle G., Gérard T.E, Simon M., Marsan C., Lavens J., Saint-Girons S., Julien Eric, *L'Intelligence Collective : co-créons en conscience le monde de demain*. Editions Yves Michel, 2014

* Damon J., *Gaston Berger (1896-1960)*. Informations Sociales, 2005.

* Dilts R. (illustrated by Antonio Meza), *Success Factor Modeling Volume II: Generative Collaboration – Releasing the Creative Power of Collective Intelligence*. Dilts Strategy Group, Santa Cruz CA, 2016.

* Dilts R. (illustrations Antonio Meza), *La Modélisation des Facteurs de Succès Tome II: Collaboration Générative – Libérer la puissance créative de L'Intelligence Collective*. Dilts Strategy Group, Santa Cruz, CA, 2018.

* Dilts R. (illustrated by Antonio Meza), *Success Factor Modeling Volume I: Next Generation Entrepreneurs – Live Your Dreams and Make a Better World through Your Business*. Dilts Strategy Group, Santa Cruz, CA, 2015.

* Dilts R. (illustrations Antonio Meza), *La Modélisation des Facteurs de Succès Tome I: Entrepreneurs Nouvelle*

Génération – Vivez Vos Rêves et Créez un Monde Meilleur par Votre Entreprise. Dilts Strategy Group, Santa Cruz, CA, 2017.

* Dilts R. (illustrated by Antonio Meza). *Success Factor Modeling, Volume III – Conscious Leadership and Resilience: Orchestrating Innovation and Fitness for the Future.* Dilts Strategy Group, Santa Cruz, CA, 2017. Traduction en français à paraitre.

* Dilts R., *Modeling with NLP.* Meta Publications, Capitcla, CA, 1998.

* Dilts R., *Modéliser avec la PNL.* Dunod-InterEditions, Paris, France, 2004

* Dilts R., *Skills for the Future.* Meta Publications, Capitola, CA, 1993.

* Dilts R.,*Des outils pour l'avenir,* La Méridienne, Paris, France, 1995.

* Dilts R., *From Coach to Awakener.* Dilts Strategy Group, Santa Cruz, CA, 2018, 2003.

* Dilts R., *Être coach : de la recherche de la performance à l'éveil.* Dunod-InterEditions, Paris, France, 2008.

* Dilts R. and DeLozier J., *Encyclopedia of Systemic Neuro-Linguistic Programming and NLP New Coding*. NLP University Press, Santa Cruz, CA, 2000.

* Gaudin T., *Responsabilité et Environnement*. Risque et prospective. 2010

* Gaudin T., *La prospective*. Paris: Presses universitaires de France, 2013.

* Gauthier A., *Le co-leadership évolutionnaire*. Auxerre: H Diffusion (collection Précussions), 2013.

* Godet M., *Manuel de prospective stratégique, Tome 1*. Paris: Dunod, 2009

* Graves W., *The never ending quest.* US: Eclett Publishing, 2005.

* Hilts S. & Turoff M., *The Network Nation.* US, 1993.

* Isaacs W., *Dialogue: the art of thinking together.* New York: Crown business publishers, 2009.

* Kahane A., *Transformative scenario planning: working together to change the future* (1st ed.). San Francisco: Berrett-Koehler Publishers, 2012.

* Kahane A., *Pouvoir et amour.* Paris : Colligence éditions, 2015.

* Laloux F., *Reinventing organizations.* Paris : Dateino, 2015.

* Le Bon G., *La psychologie des foules.* Paris, 1895.

* Lévy, P., *Intelligence collective.* Paris : La découverte, 2013.

* Malone, W. & Bernstein, M., *Handbook of Collective Intelligence.* US: MIT Press, 2015.

* Mousli, M. *Prospective et action publique.* L'Économie politique, 2013.

* North Whitehead A. (1929-1979). *Process and Reality.* US: Free Press

* Owen, H., *Open space technology : a user's guide.* San Francisco : Berrett-Koehler publishers, 2008.

* Payette A. & Champagne C., *Le groupe de codéveloppement professionnel.* Presse de l'Université du Québec (2005).

* Salais R., *La donnée n'est pas un donné: Pour une analyse critique de l'évaluation chiffrée de la performance.* Revue française d'administration publique, 2010.

* Scharmer O, *Theory U: leading from the future as it emerges : the social theory of presencing.* San Francisco: Berrett-Koehler Publishers, 2009.

* Scharmer O., *Leading from the emerging future.* San Francisco: Berret-Koehler publishers, 2013.

* Sheldrake R., *Reénchanter la Science.* Paris: Albin Michel, 2013.

* Sheldrake R., *Seven Experiments That Could Change the World: a do-it-yourself guide to revolutionary science.* New York: Riverhead Books, 1995.

* Senge, P. (2006). *The fifth discipline.* London : Random House business publishers.

* Senge P., *Presence: Human purpose and the field of the future.* New York: Broadway business, 2008.

* Scouarnec A., *Plaidoyer pour un « renouveau » de la prospective.* Management & Avenir, 2008.

* Smith J. *Collective Intelligence in computer science.* US, 1994.

* Surowiecki J., *The Wisdom of Crowds.* Anchor Books, New York, NY, 2005.

* Surowiecki J., *La Sagesse Des Foules.* Éditions Jean-Claude Lattès, Paris France, 2008.

* Teilhard de Chardin P., *L'avenir de l'homme,* Oeuvres. Paris : Seuil, 1959.

* Weatley M. & Kellner-Rogers M., *A simpler way.* San Francisco : Berrett-Koehler publishers, 1996.

* Wilber K., *Une brève histoire de tout.* Montréal : Editions de Mortagne, 1997.

* Zobrist J. F., *Un petit patron naïf et paresseux.* Thionville : Stratégies et avenir, 2012.